企业阅读 本土实践

管理·人文·生活

跟行业老手学
经销商开发与管理

家电、耐消品、建材家居

黄润霖◎著

企业管理出版社
ENTERPRISE MANAGEMENT PUBLISHING HOUSE

图书在版编目（CIP）数据

跟行业老手学经销商开发与管理：家电、耐消品、建材家居／黄润霖著．—北京：企业管理出版社，2016.11
ISBN 978-7-5164-1329-6

Ⅰ.①跟…　Ⅱ.①黄…　Ⅲ.①经销商–销售管理　Ⅳ.①F713.3
中国版本图书馆CIP数据核字（2016）第203826号

书　　名：	跟行业老手学经销商开发与管理：家电、耐消品、建材家居
作　　者：	黄润霖
责任编辑：	程静涵
书　　号：	ISBN 978-7-5164-1329-6
出版发行：	企业管理出版社
地　　址：	北京市海淀区紫竹院南路17号　邮编：100048
网　　址：	http：//www.emph.cn
电　　话：	编辑部（010）68701638　发行部（010）68701816
电子信箱：	80147@sina.com
印　　刷：	北京宝昌彩色印刷有限公司
经　　销：	新华书店
开　　本：	170毫米×240毫米　16开本　14.5印张　190千字
版　　次：	2016年11月第1版　2019年3月第2次印刷
定　　价：	66.00元

版权所有　翻印必究·印装有误　负责调换

导 言

销售人员，尤其是基层销售人员，他们寻求解决问题的思维模式是，知道一些理论，但是如何将理论变成即用的方法、套路和工具，他们并不擅长。换句话说，他们更需要具体到步骤的方法讲解，而不是4P、4C的理论分析；他们更需要还原到实战场景的招式拆解、工具呈现，而不是纸上谈兵的假设和推演。给销售人员讲步骤分解的片段，也是他们的注意力和热情最高涨的时候。有位企业的培训经理告诉我："现在的培训市场喜欢讲要做什么的人太多，讲应该怎么做的人太少。"我们更需要后者，这也是我坚持写问题式文章的原因之一。

本书是我在培训和咨询过程中，每一个身处一线的销售人员通过各种渠道和我探讨问题后形成的书面文字。其中，有些问题的探讨持续了近一周，有时甚至在深夜一两点还在探讨某个问题。这时，我能深刻体会到销售人员的急迫心情。销售是用结果说话的，有些问题如果不能尽快解决，他们可能就面临失业或转行；有些责任心很强的销售人员，即使明知回天乏术，也会抱着"死马当活马医"的心态，不甘心、不放弃。这时，我能感受到销售人员的执着与无奈，而在这个过程中，我能陪着他们一起解决问题，既是教学相长，也是同行相惜。

对于销售人员如何适应未来，我也曾在《B2B来临，销售人员的变与不变》一文中提出了三个建议，在这里与读者共勉：

（1）对销售技能进行横向扩展。销售是讲套路、方法和工具的，当然，前提是你是一个有套路、方法和工具的人。其次，你的套路、方法和工具不只能卖水管，还能举一反三地卖油漆、灯具、马桶、地板等建材产品，你的技能要具备扩展性。

（2）适应没有信息优势的时代。过去的经销商管理很大程度上是靠信息的不对称来实现的，互联网到来后，信息的通路被打开，销售人员与经销商在同等的平台获取同等的信息。销售人员靠什么管理经销商？靠读取信息的广度和深度，成为信息的解读者，才能以庖丁解牛之术，游刃而有余。

（3）接受规则的管理。未来的社会一定是一个讲规矩的社会，销售人员的牧羊式管理一定会因为技术手段的进步而得到改进，业务行为越来越规范，学会带着镣铐跳舞，也是互联网时代赋予销售人员的任务。

自 序

这是我的第三本书。遗憾的是，每次在下决心出书前，都希望出一本完美无缺、十全十美的书。但在写作过程中，总会因为这样或那样的意外事件和工作，时间、精力被分散，最初的计划得不到落实，总带着这样或那样的遗憾，匆匆结束了写作任务。这次，也未能例外。

即便如此，我对本书的出版依旧抱着很大的期望。

因为本书的绝大多数问题来源于销售人员进行经销商管理时遇到的具体问题，而这些问题的解决方案则是在实践中被应用和验证后的初步结果。

最初写问题式的文章源于参加培训的学员和读者会提出一些很明确的销售难题，比如，经销商嫌弃品牌小怎么办？经销商不主推品牌怎么办？撤销经销商时，经销商耍横怎么办？……出于职业需要，我要为他们提供参考意见。

不是每一个问题都能在规定的时间、规定的地点完美解决，销售亦是如此。对销售而言，没有什么非此不可的事情，如果有，那也是谋事在人，成事在天，我将此称为"销售命"。销售人员做选择不能极端，诸如"非得开发这个经销商才能做好市场""非得换了某个经销商才能维护市场稳定"等，一旦陷入非此不可的思维困境，有选择也会变成没选择，有机会也会变成没机会。

当然，本书能够出版，首先要感谢的是家人的支持。平时写作会占用大量与家人团聚的时间，妻子的理解和儿子的陪伴，是我能够写完本书的最大动力。其次，在我的职业生涯中，福莱软件的徐小兵先生，海王保健的王扬先生、戚新先生，小龙王槟榔的彭建华先生，欧普的马秀慧女士、孙小红先生，欧普小泉的康井斌先生，美的的张武力先生等都给了我很大的帮助，当我回忆我的职业生涯时，我的一生其实遇到了很多高人和贵人，他们作为我职业生涯的老领导，在我的销售技巧的成长道路上给了我诸多的点拨和指导，甚至有很多方法就是在与他们的合作中获得的灵感和启示。最后，张本心先生领导的北京博瑞森出版团队，是我多年的书籍出版合作单位，马优女士是我长期的选题策划人，正是他们的坚持与认可，我才能将自己的心得与想法付梓成书，并在培训与咨询的道路上渐行渐远。

　　学无止境、授业无涯，愿在销售这条道路上坚持奔跑的人都能心随所愿、达成梦想，当然，也包括我自己！

前　言

互联网来临，线下渠道里谁将倒下

如果历史可以重来，经历了无数商战风云的传统批发、零售系统的从业者们，包括厂家、经销商、销售人员，都应该记住以下时间节点：

1995年5月19日，瀛海威信息通信有限责任公司成立，中国互联网的领跑者诞生。

1999年9月10日，阿里巴巴集团在杭州公寓中诞生，中国电子商务的改写者从此起航。

2003年5月10日，淘宝网诞生，C2C的零售市场由此打开大门。

2004年1月，京东多媒体网正式开通，京东进入电子商务领域，B2C市场徐徐启动。

2008年4月10日，淘宝商城上线。

2016年2月16日，京东首提新通路事业部概念，进军B2B领域。

最近10年，尤其是2012年以后，也许是线下渠道从业者们真正噩梦不断的光景和岁月。电商渠道要成为扁平渠道的豪言壮语言犹在耳，经销商的去留依然是两难之境；零售市场已然要变成全民皆商，赤膊上阵的价格之战让经销商痛不欲生；京东、天猫的快速崛起让在夹缝中求得生存的经销商惶惶不可终日。过去，靠品牌、产品在经销商面前颐指气使的销售人员，今天，还能凭着什么管好这群曾经的"山大王"？毕竟经销商一旦以无欲之心，不求于人，厂商关系的博弈就会变成"人心散，队伍不好带"的艰难局面。

也有读者和我私下交流，将厂商关系写成博弈关系是不是将矛盾的一面放得太大了？我的看法是，只有承认厂商关系是利益关系、商业关系，才能在经销商的日常管理中，从矛盾的关键点出发，照顾经销商的利益、引导经销商的利益、转化经销商的利益，让经销商在与你的相处中获利，他们才会配合你的工作。否则，你就是兄弟关系、战略关系说得再多也是自说自话，产生不了一丁点儿的生产力。

当然，在厂商矛盾依然冲突不断的现实情况下，在互联网对传统渠道洗洗刷刷的冲击之下，线下渠道里，谁将成为新的商业模式里随时被摘除的对象？是制造厂家、经销商，还是销售人员？

从现在的情形看，制造企业绝不可能被淘汰。对制造企业来说，将来有没有线下渠道也许不是唯一的生存选择。专注于做好产品、用"工匠精神"精雕细琢好产品，在网络销售越来越成熟的那一天，在社会诚信体系足够完善的那一天，只要有好产品，他们依然能够重回"酒香不怕巷子深"的时代。

经销商会不会消失？经受电商之痛最深的恐怕就是传统渠道的经销商，在电子商务如日中天的十多年里，经销商过得很苦。他们不断摸索新的销售模式、巩固自己的渠道价值，依赖于千差万别的地理条件、风土人情，不断强化自己的核心价值。有的经销商合力抱团成立公司、打造品牌，向产业上游延伸；有的经销商强强联合，将过去的小门户做成今天的大门户，增强与企业叫板的能力；有的经销商固守一隅，从售后市场转向售前市场，将消费者变成粉丝，将一次消费变成多次消费，利润不减反增。

无论是批发时代、零售时代、商超时代还是电商时代，都是工具对工具的替换，做一个好工具、做一个有核心价值的工具、做一个与时俱进的工具，谁也不能把你淘汰！

京东新通路事业部成立以后，销售人员可能从此失业的江湖传言不绝于耳。企业未来直接与平台对接，通路的开发、维护、促进等都转由专业的销售公司承包，这种对未来商业前景的描绘，我只能说，理想很丰满，现实很骨感。除非未来的产品世界大面积的同质化，个性化需求和技术性销售消失，用平台一统世界的想法才能得以实现。

当然，销售人员把命运寄托在产品上是不现实的。销售人员如何适应互联网时代的变化，才是应对之举，对此，我在导言中有所提及。

那么，互联网来临，谁将不幸倒下？我的答案是，不愿改变的人会倒下；不会改变的人会倒下；死扛到最后，不得不改变的人也极有可能会倒下！

黄润霖

2016 年 5 月 17 日

目录

第一章　没有经销商调研，就不会有好的经销商资源 / 1

第一节　新市场开发，如何才能不像一个外行人 / 3

第二节　八个渠道，助你找到潜在优质经销商 / 6

第三节　站在门外，如何甄别优秀经销商的外在特征 / 10

第四节　进入店内，如何验证优质经销商的内在特质 / 13

第五节　经销商调研，如何才能从经销商口中听到真话 / 16

第六节　如何找到一个"钱多人傻"的经销商 / 19

第七节　新经理接手老市场，如何快速摸底 / 23

第八节　百密一疏，经销商考察最容易忽略的四个背景调研 / 27

第二章　经销商开发，是"拉关系"，更是技术活 / 31

第一节　进店谈判先自问，底线定好了吗 / 33

第二节　陌生拜访，四招让你从陌生人成熟人 / 38

第三节　八种专卖大店经销商的开发套路 / 45

第四节　八种五金小店经销商的开发套路 / 52

第五节 开发谈判，经销商认为你的品牌知名度低、
不靠谱怎么办 / 58

第六节 开发谈判，经销商非独家不做怎么办 / 61

第七节 开发谈判，如何破解"钉子户"的语言模式 / 64

第八节 初次拜访效果很好，为什么到后面就
没动静了 / 69

第三章 经销商维护，就是"两口子过日子" / 73

第一节 怎样才算有效的经销商拜访 / 75

第二节 业务拜访，一眼发现问题的16项扫描 / 78

第三节 业务拜访，如何让经销商重视你 / 84

第四节 经销商把品牌当"备胎"，"备胎"如何转正 / 89

第五节 看懂人性，经销商的抱怨这样处理 / 94

第六节 经销商管理，收钱才能收心 / 99

第七节 家居建材企业通路拜访的6大重点 / 104

第八节 经销商门店"城头变幻大王旗"，怎么办 / 107

第四章 渠道冲突的本质是渠道力量的变化 / 113

第一节 区域经理，短期冲量的14种方法 / 115

第二节 经销商窜货的12种形式及应对方法 / 120

第三节 压货，技巧决定你是天使还是魔鬼 / 127

第四节 价格管理是打击低价，还是严防高价 / 133

第五节 开拓新渠道，老经销商"碰瓷"怎么办 / 138

第六节 经销商大户强要政策，给还是不给 / 142

第七节 经销商联合抵制进货，如何预防与应对 / 145

第八节　渠道冲突的最高表现

　　　　——经销商裁撤时如何平稳过渡 / 151

第五章　经销商促进，是提升渠道竞争力的重要途径 / 157

第一节　终端建设，如何增强经销商的配合程度 / 159

第二节　九招，让经销商从坐商到行商 / 164

第三节　经销商"不促不销，一促就销"，是好事还是坏事 / 168

第四节　促销方案应该怎么说，经销商才会听 / 172

第五节　区域销售，你凭什么让经销商推广新品 / 178

第六章　互联网+时代，看得懂才能说得动经销商 / 183

第一节　互联网模式来了，销售人员如何指导经销商 / 185

第二节　分享经济时代，如何引导经销商守住阵地 / 190

第三节　公司没授权，经销商私开淘宝店，怎么管 / 194

第四节　经销商说网上的东西都比你们的便宜，怎么办 / 199

第五节　经销商线上、线下徘徊观望，如何攻心为上 / 203

第一章

没有经销商调研,就不会有好的经销商资源

第一章

没有经销商调研，就不会有好的经销商资源

说到经销商调研，传统玩法偏重表格、数据，给经销商对照着条条框框打钩、画叉，最后用这些条条框框选出来的经销商，该销售疲软的还是销售疲软，该撂挑子的还是撂挑子。回头一看，用文本方式选出来的经销商和自己"拍脑袋"选出来的经销商没什么差别。

经销商调研，到底怎样调研才靠谱？从实战的角度说，这里全是方法、套路和经验，也是我们常说的用江湖之法破解江湖之道。

第一节　新市场开发，如何才能不像一个外行人

没有经历过新市场开发、新品牌销售的人员算不上完整意义上的销售代表，就像男人不曾站在产房前，没有从助产护士手中接过孩子的经历一样，没见过生命的源头，你就不知道悲伤和喜悦缘何而起，因何而灭。

无论是愣头菜鸟，还是江湖老鸟，在新市场开发上吃过亏、上过当的不在少数。大半年找不到经销商的门朝哪儿开的人有之；一时走眼，大意失荆州的人也不少。

销售人员挑市场，大多数时候是没得选。运气好的、讨领导喜欢的销售人员可以选北、上、广、江、浙、深等富裕区域上任；运气不好

的、不讨领导喜欢的销售人员，"老少边穷"等销售人员口中调侃的"流放之地"，领导只问你去还是不去？去，走马上任；不去，夹包走人。

不论是通常意义上的好市场还是坏市场，作为四海为家处处家的销售人员，无论漂到哪儿，都得先想办法活下来。"行家伸伸手，便知有没有"，销售人员新市场上任、两脚一落地，要先掂量掂量，这个市场是一个陷阱还是一个馅饼。

进入社会的第一天，父母就告诉我："路在嘴上。"人在江湖走，有事要张口。做销售工作，跑市场不会见人问话、抬头看路，你都不好意思说自己是做销售的。开发新市场，你没和五类人聊过天，就不算你干过这个活。以建材行业为例，看看怎么和这五类人聊天。

一问的士司机。两脚一落地，坐上的士，即使是第一次到这个市场，你也有了和这个城市初步接触的机会。的士是最好的环境，相对封闭，司机成天闷在车里，有人愿意和他聊天，他也乐在其中。通过这类人最好了解中低收入人群在这个城市的生活习惯，对于建材行业，与司机聊天主要确认三个方面的内容：

（1）本地区最好的企事业单位和社区：优质消费人群样本。

（2）主要建材市场的分布和近况：建材市场附近是不是在修路、建材市场有没有负面新闻。

（3）人口的流动性：住房需求与装修频率。

当然，你得用人家听得懂的话问，如照明类产品，你别问人家："师傅，咱们这儿什么照明品牌比较出名？"人家一听，脑子里一团糨糊。你得问："师傅，咱们这儿买灯具，什么牌子比较好？"

二问小旅馆老板。小旅馆老板即使算不上中产阶级，在这个城市里也算得上中等收入家庭，他们是我们了解这个城市的第二个窗口。抓住一切消费、花钱的机会与人聊天，别人才有意愿和动力与你交流，反正要花钱，为什么不套点有价值的信息作为开拓市场的第一步呢？

小旅馆装修多半不会用太好的装修材料，这对了解中低端建材产品在哪儿卖有比较直接的借鉴作用。通过闲聊，了解小旅馆每天的开房数，看看旅客登记簿，一眼望去，一清二楚。生意好，说明商旅人员多，商业繁荣，这个地方生意机会多。同时，你也可以把小旅馆老板当作普通消费者，知道哪些建材品牌、城市房价是多少、这个地方装修的习惯和时间有没有特别的风俗，这些都是可以快速了解区域市场的通路。

三问批发市场的商户。即使是建材品牌进入新市场，品牌稍大、企业成立时间稍久的产品，也有可能以非常规的方式进入这个市场。如果是窜货，家居建材类产品货源一般不会在大的建材城，更不会在专卖店。通常的倒货大户，都是一些日用日杂市场的批发商从邻近省份或者从产地倒腾产品。他们一般以卖半成品、配件为主，只有批发没有售后，价格高、服务差，主要是为了配套店内其他建材产品的销售。

倒货的经销商的价格、服务、配送范围，都可以从批发市场商户那里了解到。一般来说，倒货的经销商也希望名正言顺地经营，作为厂家代表过去谈话，只要不是特别无礼，商家多半会以礼相待。千万别小看这些经销商，店内产品千奇百怪，方便面旁边放着插座、电线，电工手套上面压着指甲钳，可是人家的产品分销能力强，产品可能分布大街小巷、城镇乡村，是可以考虑的潜在经销商。互联网来临后，二级批发商的生存空间越来越小，靠倒买倒卖生存的经销商也在寻求转型的出路。

四问物流货运公司。2005年以前，快递物流还没有今天这么发达，一个县城也就一个货运收发点，对货运信息的保密意识也没有今天这么强，很容易知道这个市场谁家货多、谁家货少、谁家的货发到哪些地方、谁家代理哪些品牌等信息。

现在快递、物流发达，竞争也激烈，信息保护意识比较强，有些销售人员打着建办事处、设仓库的旗号，找货运物流公司一家一家的谈。

现在每个城市都有物流园，货运物流公司也比较集中，花两三天时间，就能将大致情况摸个八九不离十。货运公司为了接生意，都会介绍同类型的企业、品牌与自己合作的情况，这也是建立区域市场概念的重要途径。

五问竞品大商家。问完了外围的基本信息，这些只是建立区域市场的基本概念。对于市场相关的直接印象，还需要与行业经销商直接接触。和商家接触，不一定是抱着开发的目的，也可以怀着了解市场的动机。商家一般不会拒绝厂家销售人员的拜访，即使你只是一个小品牌的销售代表。经销商信奉的江湖信条是"多个朋友多条路"，即使他没准备引进新品牌，多了解行业信息也有益无害。

从大商家入手，我们可以了解区域市场的整体格局与需求，看他对产品的态度与需求，分析他的市场运作手法，包括他对经营的各类产品的态度，至少今后在市场上遇到这个经销商也不陌生。遇到健谈的经销商，他还会给你分享一些小道消息，准保你不白走一趟。

本来你就抱着未必合作的初衷，毕竟最大的不一定是最好的。但是，即使不合作，通过与竞品大商家的闲聊，日后对其开战也知道从哪里入手。

其实，各行各业开发新市场基本遵循这个套路和模式，只不过问话的侧重点和内容有所差别。当然，问完这五类人，还只是完成了空白市场调研的第一步。虽然只是第一步，但完成这个过程，至少能让你做起事来不像一个外地人，说起话来不像一个外行人。

第二节　八个渠道，助你找到潜在优质经销商

任何事情的成功离不开两个概念：一个叫基数，另一个叫概率。当

基数足够大的时候，即使概率极低，也能撞上大运；概率就是当你掌握了某些事情间的必然的、内在因果联系，即使事情极少发生，一旦发生，你就能抓住机会，将理想变为现实，比如成功的机会。

开发建材经销商有一个比较笨的办法叫作"扫街"，就是将建材城或者建材街分割成若干闭合单元，在每个闭合单元按照左手或者右手法则，一条道走到黑，凡是有可能销售建材产品的门店都要逐一拜访，促成合作。这种方法，要点在一个"勤"字，成与不成，玩的是所谓的扩大基数。

这种方法是找到潜在优质经销商的渠道，并通过这些渠道，与潜在优质经销商达成合作。这种方法优势在于精准锁定、精准制导，通过渠道的特性保证经销商的质量。这种客户开发方法，基数可能不大，但是命中率高，这就是所谓的提高概率。

显然，我们要发现潜在的优质经销商，就是要发现优质经销商和某些渠道的内在联系，并利用这些联系将备选经销商的圈定过程简化，达到提高工作效率的目的。

两个陌生人最快认识的方法是什么？就是有第三个人作为中间人，进行转介绍，发现潜在优质经销商的前四个渠道，都是通过第三个人进行摸排，我们称之为关系点射。

渠道一，同级经销商圈子。建材行业的经销商有一个特点，就是大的经销商在一起玩，小的经销商在一起玩，就像10岁的小孩不屑于和三五岁的小孩在一起玩一样。比如，湖南省的省级大户，最好的朋友很有可能是江西或者湖北的同行省级大户，他们有一个圈子，吃喝玩乐都在一起。所以，发现潜在优质经销商的第一个渠道是同级经销商的介绍。比如，你在常德有一个市级经销商，现在你想去岳阳开发一个市级经销商，你可以问问常德的经销商："您在岳阳有没有和您一个体量、有意愿做我们产品的经销商，能不能帮忙介绍一下？"这些经销商都喜欢成群结队地和厂家做生意，大家知根知底，介绍的经销商一定是和自己差不多的体量、关系还不错的，显得自己人脉关系广，在圈子中有地位。

渠道二，经销商亲朋好友摸排。绝大多数建材经销商能够从小做到大，离不开亲戚间的相互帮衬。所以，建材行业的经销商只要做大，一定会将同村的、亲戚家的人带出来，在同一个行业里深耕。由于亲戚间的"传、帮、带"，经销商成长具有稳定性，比一个人单干的经销商好得多。如果你有一个成长得比较好的经销商，完全可以通过这个经销商问一问有没有做同一行业的亲戚、朋友，只要不与区域划分发生冲突，这样的经销商都是比较好的备选经销商。

渠道三，行业媒体或者协会介绍。各行各业都有媒体、协会，这些媒体、协会在全国各个地方都有驻点记者或者分会。他们与行业的经销商有着千丝万缕的联系，应该说非常清楚每个经销商的销售特点、过往历史、市场口碑等。更重要的是，他们和这些经销商能搭上话。销售人员和这些媒体、记者搞好关系，在开拓新市场的时候，让他们帮你穿针引线，甚至提醒你应该注意什么、准备什么，这样效果好得多。

渠道四，同行异业销售人员介绍。什么是同行异业？就是大家都属于一个大的建材行业，但是属于不同的产业，比如，管材和照明、油漆和壁纸。我们常说同行是冤家，但有时候用得好，冤家也能变亲家。销售人员也要进入同行异业的圈子，比如，做型材也可以多认识一些做五金的销售人员，做瓷砖可以多认识一些做地板的销售人员。每个人都有行业厌倦症，每个人都觉得别人的生活才是好的，经销商也是如此。销售人员对异业销售的抵制心理较小，平时也愿意在一起，从异业挖经销商，有时候能够收到奇效。

下面介绍的四种经销商发掘方法属于市场手法，我们把它称为市场点射。

渠道五，零售门店顺藤摸瓜。这种方法挖掘渠道商最常见也最费时，就是去零售门店看看自己销售的品类，主要是哪些品牌铺货、陈列、销售得比较好，然后问店家这个品牌是谁供的货。当A、B、C、D、E……多数门店销售较好的品牌都指向同一个渠道商的时候，这个经销商就是潜在优质经销商人选。

渠道六，"挂羊头卖狗肉"的门店。建材行业的门店还有一个特点，哪个经销商不太关注门店经营了，只要去看门店的店招和陈列的产品有没有差异就行了。有些经销商打着A品牌的店头，整个店里却看不到A产品的货。这个门店经销商一定和店头品牌关系非常微妙，也一定在找退路，不是转行就是转品牌，这时和经销商谈合作，成功率是平时的好几倍。

渠道七，主要竞争对手旁边的门店。实体店位置重不重要？有人说："互联网来了，位置就不重要了，甚至有没有店都不重要了。"其实，这误解了互联网的意义。互联网解决的是指向问题，但解决不了体验问题，不能顺应消费者购买习惯的指向都是无效信息。建材行业一定是比较型购买，"一逛二比三购买"是消费购买过程中的自然结果。在主要竞争对手旁边开发客户，一是要利用竞争对手的流量，二是要满足消费者就近比较的习惯。

渠道八，被竞争对手抛弃的大户。这类客户比较复杂，但如果拿捏得好，也是奇兵。一般被主要竞争对手抛弃的大户，两者的决裂多多少少都会弄出一些动静。要引进这样的大户，动手前要好好调查一下不合作的原因，只要不是经销商的诚信问题，就都不是问题。但是对这样的客户不能主动，应该诱导经销商主动，比如，"正好"在各个渠道发布招募经销商的信息。这类大户一般在行业里有点名气，跟前一个厂家闹翻了，如果再和后一个厂家闹翻了，他自己也会掂量一下同行会怎么看、其他厂家会怎么看，这类经销商只要引导得当，知耻而后勇者，往往能迸发出巨大的能量。

第三节　站在门外，如何甄别优秀经销商的外在特征

你要找到某类人，他们一定具有某些行为特质和外在表现。比如，文艺青年喜欢上豆瓣，但是，需要强调的是，这是一个充分非必要条件。也就是说，文艺青年喜欢上豆瓣，但不能说喜欢上豆瓣的都是文艺青年。甄别优秀的经销商也是如此，你得先学会看，这个经销商至少看起来像优秀经销商，虽然有可能他只是装得比较像而已。你不仅要学会被动地看，看他希望你看的地方，还要学会主动地看，看他不愿意让你看到的地方，甚至是连看带问，才能避免老眼昏花，看走了眼。

虽然以貌取人是不对的，但是在经销商粗选阶段，站在门口向里看却是一个甄别优质经销商简单而有效的方法。我们通过店面形象、老板的状态、产品陈列等外在状态，再辅以三类黄金门店的"终极三问"——你是谁、从哪里来、到哪里去，基本可以圈定优质经销商的筛选范围。

我们以家居建材五金门店的开拓为例，介绍如何站在门外快速发现优质经销商的外在特征。

第一种黄金建材门店，我将其称为"百年老店"。在日常门店走访过程中，你会发现有些小五金门店的形象非常好，一定是某个大品牌的门头，而且一定是最新版的 VI 识别系统。最有特色的是门柱，你会发现有无数品牌的海报在争抢它的包柱：A 品牌上面贴着 B 品牌，B 品牌上面贴着 C 品牌，C 品牌的卷角还没抹平，D 品牌又"啪"的一声贴

上去了。

在店外看到这种情形，你就要主动到店内看一看。在店内你还会发现，这样的店五金品类可能不是最全的，但是主要品牌的爆款产品基本都有。更有特点的是，五金渠道一般都存在物料匮乏或紧张的情况，但在这家店里，你会看到大量品牌的各类助销物料在争抢位置，在店里的拐角或者门后，可能还有一些根本没有使用的物料堆放在那里。

为了验证这种门店的真实销售情况，你还得再次退到门店外，在店门口站10分钟~15分钟。你会发现店内的人流基本不断，买一个胶带、换一个开关，十里八乡的人都知道在这个位置有一家店，能够解决日常生活中的哪些问题。

最后，你再次走进店里，也就是"终极三问"的第一问："老板，您的店开了多长时间？"（你是谁？）

你得到的答案，这家店没有10年以上，也有5年左右。这就是所谓靠着时间成本沉淀下来的黄金门店，商圈范围以内的人都知道在这个位置有这样一家店，它成了社区的真正邻居，也就是"百年老店"。

第二种黄金建材门店，我将其称为"水电工型"门店。 与第一种黄金店相比，第二种黄金店的店面形象大幅下降，除了门头可能是某个品牌的门头外，基本没有大品牌的海报，即使有也很少。

在门店外看到这些信息，你必须走进店内进行二次验证。店内基本没有规范的陈列，更不要说装修标准了。守店的一般是老板娘，即使有人进来了，她也不会太热情，因为简单零售可能不是店里的主要业务。仔细观察店里的产品品类，你会发现，店内的产品主要是水电相关的产品，比如，电线、开关、光源、下水管、乳白胶带、五金龙头等，有些甚至还顺带卖马桶盖。

这时，你就要向老板娘问"终极三问"的第二个问题："咱们店里的老板，以前是干什么的？"（从哪里来？）老板娘会告诉你："我老公以前是水电工，平时就帮别人安电线、换水管。以前都去别人那儿买五金配件，又贵又麻烦，后来干脆开了一家店，图个方便。现在光给人家装水电就忙得不着家，还得靠我看着店。"

"水电工型"的黄金门店依靠水电工自身的安装资源进行销售，客源稳定、技术背书，因此能卖高价产品，与其他五金门店形成比较大的技术壁垒。

第三种黄金建材门店，我将其称为"门背后的生意"。与第二种门店相比，这类门店的形象更差，站在店门外，你可能连店招和包柱都找不到。进入店内，老板无聊地玩着手机，对你也是一副爱答不理的样子。

店里产品的陈列不能用摆放形容，只能说是堆砌。该门店与第二种门店最大的区别是产品品类非常多，也非常全，远远超出水电工程的范畴，有些乡镇的门店甚至堆着砖块和水泥。你在店里坐一两个小时，很难看见顾客进店。如果在正常的理解范围内，这种五金门店早就应该关门大吉了。

所以，看到这种情形，销售人员就应该追问"终极三问"的第三个问题："老板，咱们店里的货主要卖到哪里？"（到哪里去？）这时，店老板才有了话题："我大舅是镇政府的书记……店里的生意主要靠他们做中小工程。"

第三种黄金门店显然是靠自身的关系资源做着"门背后的生意"，自然超出了我们对零售门店的正常理解。

站在门外看门店，进入店内问店主，"终极三问"实质上是探寻建材门店生存之道的三个关键：时间、老板、关系。各行各业的门店甄选，其实也是用这三个标准进行衡量。

第四节 进入店内，如何验证优质经销商的内在特质

找经销商，是希望找一个坐在家里等客上门的坐商，还是找一个积极主动、四处出击，能够将产品指哪儿卖哪儿的行商？我想大多数人都希望找一个行商。先不管这个观点是否正确，如果我们要找一个行商，是不是经销商会拍着胸脯告诉你："我是行商，我就是你要找的那个行商。"你就如获至宝地说："亲人啊，我可找到你了！"

经销商为了达到合作的目的，可能夸下海口把自己包装得无所不能，也可能为了"哭穷"，口袋里只剩几个钢镚儿。进店拜访，如何在简单的看与问中，验证经销商是行商还是坐商，既不偏听，也不偏信，我们讲究的是看与问的交叉验证。

一问小区、团购、装修公司的相关信息。如今的市场推广，讲究的是最后一公里战斗，没有在小区、团购网站、装修公司打拼过的经销商算不得真正的行商。招聘员工的时候，要了解他们过去的经历有没有造假，在一个问题上层层追问，直至问到细节。如果能说清楚小区、团购、装修公司的细节，基本上就是建材行业的"老人"。

什么是细节？比如，判断小区的入住率是看水电表的读数，网络团购的开票核销是盖发票专用章还是财务专用章，给装修公司关系人打电话谈"私事"，哪个时间点最合适。

二问销售队伍的构成。一般来说，经销商都喜欢用自家人做财务、库管，这样做可以理解，毕竟钱、货都是很敏感的东西，况且很难找到信得过、能干、比家里人用着还放心的人。但是，如果销售队伍是从自

己村里带出来的人,不说学历高低,这样很难带出有杀伤力的销售团队。销售人员市场化,这是对行商的基本判断。

销售队伍能不能打硬仗主要看两点:一是销售人员的出处,都是从哪里来的哪些人。二是这些人供职的稳定性,如果都是刚入职两三个月的人,这样的队伍要做出业绩还需要时间。

三问经销商对厂家的要求。坐商对厂家最大的要求是什么?是价格。"不要跟我说什么装修费、市场推广费用、人员补贴,咱们实打实说,你只要按裸价给我货,我保证3个月后这个地区的建材市场都是你们的货……"这是坐商吹牛说得最多的一句话。

行商要价格,但是他不盯着价格,他会用政策换价格。比如,如果价格没有空间,推广补贴的标准能不能提高点、厂家的推广培训能不能设置专职人员、促销物料和海报能不能再增加一些、下线核心客户的名额能不能再增加一些。行商更关注的是能不能通过投入把市场撬动起来。

观察一个人,不仅要听其言还要观其行,经销商考察尤其如此。

一看仓库。初次拜访经销商,你要去看仓库,经销商不会爽快地答应。除非你的品牌够大,除非他的合作意愿非常强烈,否则你冒冒失失地提出看仓库,绝大多数经销商都会搪塞一番,然后不了了之。所以,去看经销商的仓库,也要在充分铺垫后,以虚心请教的姿态试探道:"赵总,不知道有没有机会去您的仓库看看,也让我学习一下。"

去仓库看什么?

第一,库存总额和近效期产品。库存总额怎么看?每个行业、每个企业每立方米的货值可能有差异,但是自己公司每立方米的货值是知道的。比如,照明产品每立方米的货值在10000元左右,去仓库基本可以判断出这个经销商的总库存额是多少、现有库存额是多少。

近效期产品怎么看?走进仓库就要留心看产品的生产日期,然后问经销商:"其他厂家的呆滞品多不多,都是怎么处理的?"经销商肯定会抱怨,接下来就看经销商能不能快速给你指出呆滞品的存放位置,以及你能不能在其他地方发现经销商已经忽略的呆滞品。如果呆滞品存放有序、数量偏少,说明他是一个库存管理比较得当的行商。

第二,在仓库里除了看产品,还要看物料。很多经销商的活动物料一般放在哪儿?要么是在仓库的门后、拐角处,要么是在仓库的某个角落的配件房、维修房,打开海报、展架、横幅看看,新旧情况和使用程度都是行商活跃度的依据之一。

二看经销商员工的状态。订单人员的催单习惯是用电话催单还是用QQ催单?虽然现在网络非常发达,但是用电话一对一的沟通依然是最有效率的催单方式,用社交工具代替催单电话会使员工懒惰,尤其是后台员工。销售人员开完早会,是夹着包往外赶还是在那儿清理文件、整理票据,磨蹭到10点多才出门。员工是经销商的一面镜子,他们的状态直接反映经销商的状态,也说明了经销商的管理水平。

三看经销商的车辆后备厢。经销商开什么牌子的车不重要,送货用什么车也不重要,关键要看经销商平时送货的后备厢装的是什么东西,经销商自己的座驾后备厢放的是什么东西。

一般来说,经销商的送货车子都应该放各类物料、海报、宣传图册。如果送货车的后备厢里什么都没有,物料只在仓库里放着,你就要怀疑这个经销商是否有开展推广活动的能力了。经销商自己开的车子的后备厢,也是需要重点观察的对象。如果后备厢里活动物料、海报、宣传图册扎堆,至少说明这个经销商还是一个能够奋斗在一线的"大业务员";如果后备厢里有很多好酒,这个经销商有可能是一个拉关系、套客情的好手;如果后备厢里只有一副高尔夫球杆,你就得看看这个经销商到底有多大体量。虽然谁都有个人喜好,但如果他只是一个年收入一两百万元的小经销商,至少说明这个经销商已经很少直接接触市场了。

第五节　经销商调研，如何才能从经销商口中听到真话

找经销商和找对象的道理是一样的。初次见面，任何一方都会尽量把好的一面展现给对方，至少不希望让别人看到不光彩的一面。不是说经销商说了大话就一定心怀不轨，后来慢慢发现人家有这个缺点、那个缺点，就一定是人家当初使了伎俩、耍了手段骗了你。也许人家当初真的只是想把优秀的一面展现给你，只不过是有些夸张。关键是销售人员要头脑清醒，知道哪些话是场面话，哪些话是客套话，哪些话才是大实话。

其实这对销售人员提出了极高的要求，不仅要求销售人员要听出经销商的真话和假话，还要辨别出那些客气的话是否会对日后的合作产生关键性的影响。即销售人员不仅要与经销商一本正经地胡说八道，还要在经销商的"连篇"谎话中找到有用信息。

一、如何分辨经销商的销售数据

问经销商的销售体量，是调研常涉及的问题。我们问经销商一年的销售额大概是多少的时候，经销商知不知道我们的意图？当然知道，一般情况下，年度销售额的真实数据是比较敏感的，夸大或者缩小的可能性很大，说"一年几十万元"的人和"一年大概几亿元"的人可能都不靠谱。询问年度销售额，没有几个人会直接告诉你，所以年度销售额的真实数据不是直接问出来的，而是旁敲侧击佐证出来的。

在经销商实地调研阶段，我们就提到过仓库走访。到仓库看什么？其中，重要的一点就是看仓库容积的总方数。虽然每个行业一立方米的货值会存在差异，但是每个企业一立方米的货值是有一个概数的，比如，照明行业的品牌产品一立方米的货值大概为10000元。如果在与经销商的面谈中，经销商告诉你一年大概有一亿元的销售规模，你走进他的仓库一看，经销商的仓库最多1000立方米，你就应该明白经销商的库存总额不会超过一千万元。

接下来只要再问一句："赵总，您仓库里的货一年能周转几次？"经销商对周转率这个数据不太敏感，但是仓库多长时间周转一次，经销商心里还是有数的。在经销商心里，这个数据与他的经营数据没有直接联系，所以，他的防范心理也不太重，告诉你的数字基本接近正常数据。比如，他告诉你一年大概能周转五六次，你再反推一年一亿元的销售额就会发现问题。一千万元的库存，周转五六次，销售额最多六千万元。

经销商撒谎，我们是不是就认为这个经销商不能合作了？当然不是，六千万元的销售额也是不错的体量，一个无伤大雅的小谎何必认真，只要自己心里明白，合适就用，未尝不可。

二、如何问到经销商的网点情况

调查渠道商，不仅要了解渠道商本身，还要走访他的下辖网点。渠道商不喜欢直接告诉你一年能卖多少货，如果你提出去看看他的代表性网点，他肯定会把自己认为的铁杆零售网点介绍给你，告诉你他掌握的零售门店多么好，在当地多么有影响力，一个月能出多少货。

有了零售门店的进货数据，我们走访的时候怎样正确调研呢？既然是代表性网点，我们听到的肯定是对渠道商的溢美之词，渠道商服务多好、品牌多棒、销售多快。要评价渠道商控制的"优质"网点是否优质，其实还需进行以下追问：

"您这儿的生意看起来挺不错的，我想问一下，赵总和您合作这么多年，他的生意在您的店里能够占到几成？"

零售门店老板一般会按照这个套路回答："还好吧，占得挺多的。"

零售门店老板不入套怎么办，继续往下追问："挺多？5成左右有吗？"

"也没有那么多。"零售门店老板开始做判断题了。

"3成总有吧？"你要把范围缩小。

"也没有那么少。"零售门店老板继续做判断题。

"那就是4成？"这时你可以引导性的下结论了。

"差不多吧，应该就是这么多。"

如果经销商告诉你，这家店一个月能卖五六千元的货，为这个数据撒谎的可能性比较小。后面零售门店老板又告诉你，经销商的生意占门店生意份额4成左右，这个优质的零售门店一个月整体能出多少货不就一清二楚了。一个月零售额大概是1.5万元的零售门店，在当地与同行相比，是不是优秀门店、是不是有影响力的门店就一清二楚了。

三、关于有钱没钱这点事儿

经销商的资金状况也是调研关注的重点。经销商销售体量越大，不一定代表他的资金状况越好，相反，销售体量越大的经销商，资金链越可能出问题。对于一个初次合作的经销商，我们不可能知道他在银行里可以拿到多少贷款、有多少现金，但是我们可以想办法打听到这个经销商现金支付情况是否正常。

对经销商来说，钱的多少是隐私，估计除了财务或者经销商的妻子，谁都很难打听到经销商真实的资金状况。但是我们可以向经销商的员工打听。

经销商的员工怎么可能知道经销商有多少钱？员工当然不知道经销商有多少钱，但是员工知道自己有没有收到工资。我们通过工资的发放情况就可以推断出这个经销商的现金支付有没有问题。

"你们一个月发几次工资？"

"发几次？你开什么玩笑。"经销商的员工差点跳起来。

"每个月会不会提前发工资？"

"提前发工资？每个月按时发工资，我就心满意足了。"

经销商是否按时给员工发工资，是资金是否充裕的重要表现。经销商资金一旦出现问题，直接受到影响的就是员工的工资。所以，向经销商员工打听工资发放情况，就能知道经销商资金是否存在问题。

第六节　如何找到一个"钱多人傻"的经销商

开篇之前，先给大家讲一个真事。

在一个千亿级的集团企业里，注册新公司进入新行业是常用手法。在其设立的众多子公司里，流传着一个"兰州拉面"的故事。

子公司的总经理是从其他事业部的高层升职跨调过来的，年收入过百万，也算是开过眼界、见过世面的人。虽然是一家新公司，在新行业里资历尚浅，但背靠强大的母公司，发展势头也很迅猛。

销售出身的总经理，拜访核心客户是其重要的日常工作之一。区域销售人员对总经理说："西北的空白区域——甘肃开发了一个省级客户。"总经理在销售人员的陪同下，亲自前往一探虚实。

拜访完客户再走访市场，看完办公室再看仓库，到了饭点的时间，第一次和企业的最高领导吃饭，甘肃经销商还着实客套了一番，总经理也没放在心上，也跟着客气："随便点吧，吃点有地方特色的东西就行。"谁想经销商是西北人，一来可能比较实在，二来也可能接了这么大的区域市场，手头有些紧，听说随便吃点有地方特色的东西，还真把总经理领到一个小拉面馆，一人点了一碗牛肉拉面。

作为新公司的总经理，倒不是因为吃了一碗拉面心里窝火，而是从吃拉面这件事上产生了两个疑惑：甘肃这么大的市场，这个经销商有没有钱做市场？自己也算是一个领导，大老远地从广东跑到甘肃，晚餐就用一碗兰州拉面对付了，是不是打心眼里不重视我们的新品牌？

后来在很多销售人员的述职场合中，总经理对这个区域的销售人员说的最多的话就是："这个经销商行不行啊？"区域销售人员承受这样的压力，这个经销商的最后结局可想而知。

故事讲完了，大家看出什么门道没有？打开门做生意，钱不是万能的，但是没有钱真是万万不能的。厂家找经销商，找一个"钱多人傻"的经销商，自然是心里乐开花。尤其是当一个品牌成熟后，真正赚到钱的经销商只有两种：一种是老经销商，跟着企业一路走过来，熟悉企业的套路、习惯企业的操作手法，利用好规则就能赚到钱；另一种是"钱多人傻"的新经销商，企业说怎么做就怎么做。因为钱多，怎么折腾都行，因为"人傻"，怎么折腾都愿意，最后把其他经销商都熬走了，新经销商也就"剩者为王"了。

那么在调研阶段，如何判断一个经销商是不是"钱多人傻"？

一、哪些地方能看出经销商的"钱多"

（一）看办公环境的固定投入

日本是个岛国，土地寸土寸金，建筑风格紧凑有致。但是你去日本涉谷的 LV 旗舰店，6 米的店铺层高就能让你感觉人特别渺小。在日本这个寸土寸金的地方，你会瞬间觉得这个地方特别豪气。进店后发现买不起里面的东西，感觉不是东西的价格太高，而是自己走错了地方。

中国的经销商大多是白手起家，赚了钱也舍不得花，花也是掰着手指头算，舍不得在门面上下功夫。"钱多"的经销商有什么特点？与奢侈品一个特点：一栋豪宅 70% 的面积是没用的，一部豪车 70% 的功能是没用的，一件奢侈品 70% 的价格都是白付的。话虽然说的比较极端，但是道理显而易见。愿意在公司门面上（公司地址、公司周边环境、公司装修等）下功夫的多半是有钱的金主儿。

（二）看营业执照

看营业执照的注册资本当然是一个省时省力的办法，但是个体户的营业执照是没有这一栏的，公司组织虽然有这一栏，但看注册资本判断一个公司有钱没钱确实挺难。

（三）看经销商的应收应付

家居建材行业的经销商，对下线网点给予一定的账期是比较常见的。经销商在什么情况下不给下线网点账期呢？当然是没钱的时候，是资金紧张的时候。

一般来说，经销商经营大品牌，不给下线网点账期比较常见；如果是小品牌，给账期是比较合理的做法。在走访经销商的下线网点时，如果经销商也给大品牌账期，很有可能是私自提价，也就是高于企业规定的正常供货价出货；如果经销商没有给小品牌账期，一般来说经销商一定是在以超低价清货，在回收资金，这时经销商手头资金不会太宽裕。

二、哪些特质的经销商属于"人傻"

（一）大事不糊涂，小事不计较

经销商钱多，但是精得像猴儿一样，写张海报还要找你报销白板笔的钱，你痛不痛苦？又或者经销商钱多，小事不和你计较，但是优柔寡断，拟定的计划朝三暮四，你是不是也很痛苦？找经销商要像找媳妇一样，大事不糊涂，小事不计较，该睁眼的时候睁眼，该闭眼的时候闭眼。

"大事不糊涂，小事不计较"在饭桌上的表现就是点菜。点菜明显超过人数的，这叫小事不计较；明明自己开车过来，劝酒就喝，还不安排代驾的，这种人大事会糊涂；点菜刚刚好的，这种人做事比较谨慎，尤其是做零售、批发的经销商，我们可以理解。如果是做项目的经销商，点菜还缩手缩脚，这种经销商就是典型的小事会计较。

"大事不糊涂，小事不计较"的经销商，销售人员的管理难度会降低，斤斤计较的经销商管理起来比较麻烦。

（二）执行力强

《士兵突击》里的许三多执行力超强，就是因为他有股傻乎乎的劲儿。看经销商有没有执行力，也要看他有没有一股"傻劲"。推广新品是绝大多数经销商喜欢观望的一件事儿：预期未知、风险不定，谁是先驱谁就容易成为先烈。所以，大部分经销商都希望让别人先试试，自己则是见好就上，不好就撤。

"傻"经销商就是那种冲在前头的经销商，所以，判断一个经销商执行力强不强，就要看这个经销商正在经销的产品中，新品的铺市、陈列及销量做得怎么样。新品工作都做得好，这个经销商的执行力一定很强。

（三）没有"绯闻"，不和厂家较劲

你去市场走走，和其他商家、企业的销售人员聊一聊，打听关于潜在经销商的趣闻轶事，看看市面上是否流传着这个经销商和厂家"掰手腕"的段子。如果是一两段江湖段子也就罢了，如果是大段的江湖恩怨，你开发这个经销商就要小心了。

第七节　新经理接手老市场，如何快速摸底

一个新市场容易起量还是一个老市场容易起量？没有绝对的答案，做得好都是馅饼，做得不好都是陷阱。

但是，老市场相对于新市场的最大优势就是"做过"，这也是企业愿意花更多的钱招一个有工作经验的人的原因。一个花过一亿元的人和一个只看见别人花过一亿元的人，在真正面对一亿元的费用时，对钱的认识和概念有很大差距，即使这种认识和概念只是感觉上的东西。

一个翻动过的市场能够为新经理提供大量的基础数据，当然前提是

有比较好的数据积累。对很多新经理来说，数据也许并不是越多越好，很多时候，数据越多，人越容易懵。所以，要知道一个市场的好坏，从数据表现来说，建议大家抓住一个数据即可，也就是我们常放在嘴边的平均数。

怎么用好平均数？在市场交接上，新经理要注意收集四个数据：全国销售的平均进度、全国费用的使用进度、销售人员的人均产出、经销商的人均产出。这四个数据中，销售人员的人均产出和经销商的人均产出更能反映实际的销售状况。销售任务和费用总额的年初分配，这个目标的导出本身就说不清、道不明，所以，销售人员接手新市场，如果用这两个数据与全国平均水平比较，只要有问题，一定是一个结论：任务定高了，费用分少了。

这两个数据其实只有一个作用：向上争取资源，事儿能不能少做点，钱能不能多花点。

销售人员的人均产出和经销商的人均产出与全国平均数的比较，才是真正反映你的市场潜力的指标。我通常会建议销售人员这样看待几个指标：销售人员的人均产出高于全国平均水平，你有机会增员；销售人员的人均产出低于全国平均水平，你有更多的机会把基础工作做细。经销商人均产出高于全国平均水平，你的市场有大客户可以依靠；经销商人均产出低于全国平均水平，客户调整还有很大空间。

但是，真实情况是不是这样的？也许恰恰相反，没有去过市场一线，你接触的永远是二手信息。但是做销售、接市场，只有选择做与不做的权利，没有选择做哪个市场的权利，在没有选择的情况下，多做正向暗示总比怨天尤人好。

因为数据的使用效果很大程度上取决于利用的人如何取舍，所以新经理接手老市场，要真正了解市场还需要走下去，俗称拜码头。拜码头有拜码头的讲究，你不能见人就问这个市场应该怎么做，问道于盲就是指这种不做选择的瞎问。我的经验是,难点问前任,遗留问题找经销商,机会点问留守人员。

一、发现市场的难点问前任

前任离开时,心一般都不在这个市场了,要么去了新市场,要么去了新单位。不论这个市场做得好与坏,前任更倾向于告诉你这个市场有多难做,强调市场的难点。如果市场做得好,是因为前任克服了重重困难,取得了卓越的成绩;市场做得不好,是因为市场有很多现实问题。所以,和前任聊天,聊市场难点比聊市场机会更符合人性。

这个市场的死结和困境在哪里,前任一般都有自己的答案。市场没有做好,理由有千万个,问题有千万个,前任告诉你的答案可能不是真实的答案,但这个难点一定是他遇到的棘手问题。从前任口中获取这个信息,目的就是要告诉自己下次遇到这个问题时,得打起十二分的精神注意应对。

二、遗留问题找经销商

为了清除老市场的隐患,对遗留问题的排查也是一项重要工作。

区域销售人员交接,其实最担心的是经销商。前任答应给予的费用还没核销,要解决的问题还没有结果,所谓一朝天子一朝臣,人员交接扯皮的事儿让经销商头疼。前任可能因为某些原因,隐瞒某些遗留问题,但是遗留问题事关经销商的切身利益,你要去问经销商,他们肯定记得清清楚楚。

但是不要拉着前任"对簿公堂",因为经销商提出的遗留问题不论真假,前任对经销商或多或少都有过明示或暗示。大家在一起"对簿公堂"，最后尴尬头疼的还是自己。对遗留问题的询问，和经销商的沟通语言模式应采用如下标准：

"赵总，我今天过来是要了解一下，还有哪些政策以内的遗留问题没有解决？政策以外的遗留问题您可以告诉我，但我不一定能解决。"通过给经销商打预防针，降低经销商的期望。

对于新经理拜访老经销商，还有四句标准问话，也是快速了解工作重点的捷径。

"钱少，可以商量着做的事是什么？"

"有钱，马上要做的事是什么？"

"没钱也要做的事是什么？"

"给钱也不做的事是什么？"

应该怎么说话？标准的套路是："赵总，根据公司安排，我们接下来要做的三件事是……我们也想听您说在区域市场还有哪些市场需要单独做的，您说，我记下来。"

经销商肯定说很多，这时就把公司规划的事情和经销商希望做的事情一件一件地按前面四句话的标准归类，一是看经销商的工作状态，二是看未来的工作重点。

三、寻找市场机会点找市场留守人员

除了找经销商了解市场机会外，那些继续留守在市场的基层销售人员也是了解市场机会的渠道。新官上任，区域销售人员要么积极主动的表现，要么怀有抵触情绪。问问他们对市场机会的看法，有经销商的谈话打底，哪些人是在认真做事、哪些人是在混日子一目了然。

对于这三类人的谈话，方法上强调逐一面谈，既有利于新经理快速熟悉人员，又能让各谈话对象感到受重视。如果要了解每个人在团队中的印象和作用，还可以采用360度相互打分的方式，看看每个人在团队或者区域市场的相互评价。群众的眼睛是雪亮的，大多数人对一个人的评价基本上是比较客观的。360度相互打分也是新经理快速了解每个人特质的便捷通路。

第八节　百密一疏，经销商考察最容易忽略的四个背景调研

品牌进入新市场，为了找到合适的经销商，销售人员按照前面讲的套路和方法，"点射"技能——发现潜在优质经销商，"三个终极问话"——找到形似的优质经销商，"三问三看"——与经销商近距离接触。找出来的经销商，有些经销商前期合作挺愉快，要钱给钱，要人给人，要推广介绍关系，要促销发动网点。但是，越到后期，合作越不顺。关键是你找不出在经销商考察上哪里出了问题，最后只能被这样的经销商累死或气死。

问题出在哪里？当然是调研只传了套路，没传心法，容易让气血两盛的小伙子以硬碰硬。人是社会性动物，行为模式必然要受相关人士的影响和引导。昨晚和妻子在家生了闷气，今天上班必然气不顺；独生子女和兄弟姐妹成群的小孩，对亲情的理解必然有差别。围绕经销商的调研，如果仅仅针对目标经销商，而不涉及经销商的人际圈，遇到特殊情况，这样的调查结果就可能"失之毫厘，谬以千里"。

所以，在我的调研课程中，讲完方法、套路、工具以后，还得啰唆两句，听进去的人可以当作心法，关键时刻灵光一闪；没听进去的人权当师傅胆子被吓小了。

最简单的道理也是最容易被忽略的细节，就是在经销商的考察中，只注重渠道、网点、资金等硬件考核，而忽略对人，尤其是经销商背后的人的认识，这样，栽跟头是迟早的事情。

一、合伙型经销商

合伙的生意就像兔子的尾巴——长不了，如果备选经销商还有合伙人，你就要小心了！

合伙型经销商多见于创业不久的经销商，或者是面临转型期的中型经销商，双方各取所需。合作前惺惺相惜，一旦进入运营，即使没有大的冲突，小矛盾也必然滋生。销售人员应该如何应对这样的经销商呢？如果是创业不久的经销商，一定要弄清楚谁是真正拍板的人，一般来说，出资多的经销商更有话语权。换句话说，也就是弄清楚谁出的钱多。如果是转型期的经销商，一般因为市场资源互补，比如，做工程和做零售的经销商合作，销售人员就应该弄清楚自己企业的渠道偏向哪个经销商的优势领域。在合作过程中，抓住拍板人和匹配人，即使未来有什么变动，关键资源也能衔接上。

当然，合伙生意有一种情况比较特殊，就是男女老板搭伙。这种情况下，虽然也有可能滋生矛盾，但是有性别互补优势，加上有共同目的走到一起，矛盾激化的概率比较低。

二、经销商全面撒网

狡兔三窟的兔子虽然精明，但总有退路的兔子跑得比谁都快。经销商全面撒网，重点摸鱼，如果你的生意不是那条重点的鱼，你就麻烦了。

很多经销商做大后会投资其他产业,由于有可借鉴的成熟管理体系,销售人员在考察经销商时,他们的各项指标结果比较优异。但是,由于经销商是多产业发展,他的重心也会更多地停留在核心产业上,非核心产业一旦遇到变动,经销商进行战略调整的可能性就非常大。

遇到多产业发展的经销商,一定要核实他的优势产业是不是你所代表的行业,如果他只是在你所在的行业进行投机性投资,你就要考虑要不要与他合作。

三、边打工边创业的经销商

边打工边创业是很多创业经销商骑驴找马的标配,一心不能二用,精力不足不说,遇上大事不扛事儿也是这类经销商的主要特点。

在企事业单位或者政府部门保留职位的经销商,也是我们需要慎重选择的。这类经销商谈判容易,用着麻烦,他们本来就没指望靠这个生意赚钱,出工不出力、出力不出心,前期签约谈判完了,找一个什么事情都做不了主的人做销售经理,尤其是一些小建材企业,指望这样的经销商开疆拓土就只能自求多福了。

当然,在职的经销商也不是一点好处也没有,比如,建材行业的产品销售,很多时候都需要走工程渠道,这些兼职的经销商利用工作便利可以提供销售机会。只是生意终究要回到生意本身,没有完全市场化的经销商离开工作岗位后,能不能成功转型还不确定。

四、注意考察站在经销商背后的女人

很多经销商都开夫妻店,两口子搭伙,甚至父母都来帮忙,承担着财务或者采购的角色。家族式门店并不可怕，可怕的是老板娘和老板的母亲凭着女人的直觉在影响着经销商的判断，最后导致很多政策推行不下去。所以，在遴选经销商时，到店里走走，看看老板娘和老板的母亲是不是也在店里上班；店老板和我们沟通时，是不是说一句拍板的话还得先看看妻子和母亲的脸色。

注意考察站在经销商背后的女人，这是经销商调研的最后一个经验。选择经销商，不怕对方是一个女老板，就怕对方是站在老板背后操控市场的老板娘；不怕对方优柔寡断、思前想后，就怕对方是一个"妻管严"。

人的工作是最难做的，尤其是那些你看不到、摸不着，又无时无刻在你身边绕的人。经销商调研有标准套路可循，也需要实地沉淀经验，那些只盯着多大、多有钱的经销商的销售人员越来越难适应市场了。

第二章

经销商开发,是"拉关系", 更是技术活

第二章
经销商开发，是"拉关系"，更是技术活

经销商开发成功与否，到底是凭运气还是靠实力，这种问题"仁者见仁，智者见智"。但是从人性的角度看，经销商开发一定是一个理解人性的过程。清不清楚自己到底需要什么，知不知道经销商需要什么，回答不了这两个问题，经销商开发很难成功。用最近流行的一句话来说，经销商开发就是你正好有需要，而我又比较专业。

第一节　进店谈判先自问，底线定好了吗

我们背起包、拿着文件，准备到经销商店进行开发谈判之前有没有想过，决定谈判成败的关键是什么？有人说是品牌够不够大，有人说是产品价格有没有优势，有人说是经销商有没有合作意愿，有人说是能不能碰上一个气场相近的经销商。

要回答这个问题，我们先看一个例子。比如，我们常常讨论人生成功的关键是什么？有人说是个人运气，有人说是家庭背景，有人说是个人努力程度，有人说是天赋使然。在回答这个问题时，事实上首先假装知道成功的定义和标准，然后才谈所谓的成功。而实际情况是，由于人生经历、家庭背景不同，每个人对成功的定义是有差别的。安居乐业、妻贤子孝是不是人生成功？独当一面、誉满天下是不是人生成功？学有所成、业有所专是不是人生成功？"穷则独善其身，达则兼济天下"是

不是人生成功？很多人在不清楚成功的定义的情况下，就开始谈实现途径，结果成功就成了稀缺品。很多销售人员在处理经销商问题时，也会犯同样的错误。

所以，这些"决定谈判成败的关键"的预判对不对？说对也对，说不对也不对。对的是谈判过程中的意外因素确实不是人力所能控制的；不对的是这些因素都无助于界定谈判成败的标准，没有标准，其实就无所谓成败。

既然是谈判，就分为"谈得成"和"谈不成"两种情况。一定能谈成的谈判不叫谈判，只能叫"上级有批示，下级走过场"；一定谈不成的谈判也不叫谈判，只能叫"明知是火坑，还要往里跳"。标准的商务谈判，判断成败的标准只有一个——有没有突破自身的底线。如果谈判突破底线，即使达成合作也是一场失败的谈判，不该给的区域给了，纷争不断；不该给的价格给了，击穿底价。换句话说，只有在底线之上达成合作才算成功，在底线之上获取更多的利益是锦上添花，而非成败之本。所以，谈判的标准不能本末倒置。

当然，有人说守住底线还不容易，但是肯定谈不成。这里涉及两个问题：一是谈判技巧，二是底线设置。技巧问题以后再谈，这里只谈如何设置谈判底线，因为有了底线才能有标准。绝大多数销售人员的糊涂之处在于，踏进经销商门店之前，不仅没有设定底线的意识，还在设定底线的方法上漏洞百出。

方法一：在政策内设置底线，就是熟读政策。所谓熟读政策，就是不仅要解读政策的字面意义，还要解读字面背后的意思。

全国一盘棋，对大多数经销商来说，在政策内谈判是基准，这种谈判适合入行不久或者基层销售人员。需要提醒的是，很多销售人员对政策理解和解读不彻底，只看字面意思，不追究实际操作的问题，在开发谈判上处处被动。

有的企业政策规定：所有产品实行先款后货。大多数销售人员就认为先收钱后发货，在实际操作中就有经销商问销售人员收不收承兑汇票。企业政策没有写这么细，销售人员说："您等下，我向财务确认一下。"销售人员出去打电话，5分钟后回来说："您放心，我刚刚和财务确认了，承兑汇票也行。"经销商又问："商业承兑汇票和银行承兑汇票都行吗？"销售人员懵了，这么复杂。"您再等等，我再给财务打一个电话。"5分钟后回来信心满满地说："财务说了，只要银行承兑汇票，商业承兑汇票不要。"经销商又问："这种商业承兑汇票，你们不扣手续费吧？如果扣，多少个点？"销售人员只能边掏电话边应付："要不我接通电话后您直接问财务吧。"这时，经销商会有一个什么样的心理过程？

这是典型的政策解读不到位导致底线不清的情况，经销商看到这种销售人员，即使原来有合作意愿，估计也会选择再考虑一下。

方法二：在政策外设置底线，一定要有清晰的界定，包括明确时间、地点、人物，越具体越好。

销售人员一旦遇到"非她不娶，非你不嫁"型经销商，自然希望能够一举拿下。但是所谓客大欺主，这些经销商有时候会提出一些超出企业框架性政策的要求。销售人员走进门店之前一定要有预设，哪些政策可以适度放宽，一旦有政策存在弹性，就要按照记叙文的三要素，细化政策的人物、时间、地点：谁、在多长时间内、在多大范围内享受该项政策。这是弹性政策底线设置的基本方法。

有20年资历的经销商赵总，自身的经销网络覆盖山东、连云港、徐州及宿迁的北部地区，作为一个发展中的企业，即使找省级平台，也只能将整个山东市场交给赵总。配送型经销商的送货车辆到了江苏，不顺带卖点货，简直是在用圣人的标准要求他。

赵总："我的货早就送到连云港、徐州一带了，只配送山东市场，我很难做。"

销售人员："我们的苏北地区正好还是空白市场，赵总能配送，求之不得。"

赵总："那你得白纸黑字写明这个区域市场归我。"

销售人员："我们都是签格式合同的，您放心，有我在还能蒙您不成？"

赵总："……"

这种大包大揽的做法有两个问题：

（1）即使事前有预设、有政策外底线，经销商提出要求后，也应该强调政策的特殊性和复杂性，表明底线，不要让经销商误认为企业好像什么都很好谈。

（2）政策外底线一定要有文字条款。因为特殊政策是日后最容易引发争端的导火索，特殊政策的时间、地点、人物，包括附加条件，都应该明确记录，越细越好。越细的条款限制越多，对日后谈判就越有利。

赵总："我的货早就送到连云港、徐州一带了，只配送山东市场，我很难做。"

销售人员："赵总，您也知道省级运营商是我们最高等级的客户，再扩大区域，您就是全国独一份啊！我不打包票说这事儿能成，但是我一定给您争取，而且尽力让您的利益最大化。"

赵总："那你得白纸黑字写明这个区域市场归我。"

销售人员:"肯定要写进合同,而且一定详尽、规范,到时候一定要由您签字的。"

赵总:"……"

赵总一旦明确提出跨区域配送的要求,企业的这些范围又属于空白区域,选择性开放不失为一种过渡性政策。但是,这样的政策要尽量细化,写进经销合同补充条款里:××商贸公司,从××年××月××日至××年××月××日可以在非考核区域连云港、徐州、宿迁的宿豫区、沭阳县进行产品配送,以上区域不做正常销量考核(不给任务压力,能做多少做多少,这也为日后收回主权时减少阻力)。补充条款越细,对销售人员的后期操作越有利。

方法三:没有谈判底线也是底线,只要自己想明白就行,这叫作"万事好商量,只要你肯接"。

没有底线也是底线。怕的是有些销售人员自己没想明白,患得患失,在谈判中就更容易陷入被动。既想着在政策内搞定经销商,又认为该经销商发展潜力大,给点额外政策也在情理之中,在谈判过程中举棋不定。不仅让经销商认为你做不了主,还会让经销商得寸进尺,原本可以不用给出的政策、资源也一并被经销商套了过去。

需要提醒的是,即使没有底线,进店之前也要盘点一下手中的资源,能拿出的资源到底有哪些,别在谈判时打包票,最后却不能兑现。

所以,从现在开始,每个准备进店开发经销商的销售人员,要做的第一件事就是树立底线意识,进店之前问问自己底线在哪里。

第二节　陌生拜访，四招让你从陌生人成熟人

你有没有发现，过去满大街穿西装、打领带，夹着公文包，见小区就闯，靠陌生拜访拉单的保险顾问好像消失了，那些有机会给你推销保险的不是你朋友的朋友，就是你熟人的熟人。一上来就念经式的陌生推销已经被卖保险的推销人员彻底抛弃了，因为这种完全靠勤奋做销售的时代已经过去了。

现在还有很多销售人员一进店就开始背书："老板，您好！我是××公司的销售代表，我们企业是专做平板低压灯的照明企业，是华南地区最大的……"销售人员完全不顾店内的情形和现状。大多数情况下，客气点的经销商会说："我们现在不需要，有空联系你。"不客气的经销商直接送来冷漠的眼神，让你从头凉到脚。

终端陌生拜访，事实上是在一个稳定的沟通环境中，插入一个陌生人打破这种沟通平衡。破冰就是要在进入主题前，找一些水到渠成的话题消除与经销商的陌生感。这个破冰过程是自然融合还是被强力打破，很大程度上决定了经销商对你的第一印象。

一、顺杆爬

现在很多门店内部条件都比较好，冬暖夏凉，热水、冷饮一应俱全。绝大多数经销商都知道，真正走访门店的销售人员还是比较辛苦的。做陌生拜访的销售人员要完全了解和利用现有的气场和情况，做到人境合一。陌生拜访，尤其是小品牌企业的上门陌生拜访，经销商占据

第二章
经销商开发，是"拉关系"，更是技术活

心理优势，与其如此，不如就汤下药，完全以弱者的身份获取"强者"的同情心和对话机会。现在比较常用的套路是讨水喝，冬天讨热水，夏天讨凉水，雨天躲雨，烈日乘凉。我还遇到一个做家具的销售人员，给我介绍了他做陌生拜访破冰的套路——吃药，将弱势装到底。

场景原型：

"老板，您好！我是做销售工作的，今天走访门店，胃病突然犯了，想找您讨口水吃药，行吗？"销售人员小李皱着眉头，一副痛苦的样子。

"行啊，一次性杯子在饮水机下面，你自己拿。"店老板一手指着饮水机，一手招呼小李进店。

小李倒好水，拿出以假乱真的薄荷糖冒充药丸："老板，能借张椅子坐一会儿吗？"

"坐吧，小伙子，你没事吧？"店老板一边拉来椅子，一边关切地询问。

小李倒像没事似的："老毛病，做销售的吃饭不准时，休息一下就行，谢谢您。"

吃完了"药"，小李又趁势问道："老板，能借一下您的桌子整理一下资料吗？我刚拜访完客户，资料都乱了，回去要被领导骂死了。"说完还特意拍了拍包里的资料。

"没事，你弄吧，你做什么业务忙成这样？"经销商边搭话，边好奇地看。

只要经销商产生了好奇心，销售人员就有了介绍的机会。

破冰操作要点：

一是开门见山表明自己的销售身份，不至于到后期给经销商介绍业

务时,让其恍然大悟,发现上了当。

二是从对方举手之劳的事情入手,提高对方的反馈质量。

三是想办法坐下来,引起老板对你的兴趣。

例子里的销售人员拿糖丸当药丸,只是为下一步谈话营造氛围,寻找共同的话题,并没有不好的动机,我倒觉得无伤大雅。

二、做留名的"雷锋"

做陌生拜访,也会遇到无视你,任何搭茬的主动和意图,他都不接茬的经销商,最后你只能走人。

遇到这种"宠辱不惊,闲看庭前花开花落;去留无意,漫随天外云卷云舒"的经销商怎么办?所谓大巧若拙,无底线地抖机灵还不如老老实实地干活。在门外把卷角的海报整平,进门的时候把笤帚扶正,看到店里员工正在打包赶快过去搭把手,这些举动都能为你加分。眼里有活是关键。

场景原型:

业务员小李背着包走到建材城,径直走向潜在优质客户赵总的门店,这是一个有着12年经销经验的老经销商,网络覆盖三区十四县。

离门店还有五六米时,通过玻璃门就看到一个40岁左右的男人,坐在茶座前泡茶,自斟自饮,怡然自得。靠门口处,有一个年轻人正在点货、打包,估计货要得比较急,中年男人不停地催促,年轻人有点手忙脚乱。

玻璃门是虚掩的,推开玻璃门,小李进入店内:"是赵总吗?您好!"随手将门恢复原状。门后也有不少货,堆得乱七八糟。

"什么事?"喝茶的中年男人不紧不慢地问了一句。

第二章
经销商开发，是"拉关系"，更是技术活

小李赶快接上："我是××公司的厂家业务，今天过来巡店……"

"××公司？我又没有做你们公司的产品，巡什么店？我们不准备接新牌子。"不等小李说完赵总就抢过话头。

"赵总，我们公司规定，不仅要巡视已经合作的经销商，凡是所辖区域内的门店都要走到。合不合作不重要，我们只是做正常的例行拜访工作。"小李话锋一转："你们生意这么好，我来帮忙。"不等赵总反应过来，小李走到店员身边，帮忙捆外箱、打胶带。

干完活，小李拿来笤帚、簸箕，把打包落下的垃圾清理完倒掉。然后轻轻拍拍身上的灰尘（没有也得拍拍），递一张名片放在茶桌上，对老板说："这是我的名片，赵总，您先忙，明天再过来拜访您。"

没等赵总想明白怎么回事，小李走出门店。你认为赵总这时会想什么？他想的是这人想干什么？

第二天，小李又去了，赵总还是在那儿喝茶。小李二话不说，帮着把门口的灯箱往显眼的位置挪了挪，又把××产品按 Logo 标贴向外重新整理整齐，最后拿着干抹布把试灯台上的灰尘清理一遍，接着跟赵总打招呼："赵总，我跟您说一件事，刚刚给您清理××产品的时候，有几个红包装的节能灯生产日期快一年了，我给您放在上面了，您记得叮嘱导购员先把那几个节能灯卖了。这是我的名片，上次给您了一张，怕您事多弄丢了，再给您一张，我是××公司的李××。"小李说完又走了。

第三天下午，赶上配送车过来送货，小李二话不说，帮着店员一起搬货，搬了好几趟，浑身是汗，满身是灰。赵总过意不去，招呼小李过去喝茶，小李拍拍灰，告诉赵总："今天还有几家店没有走访完，去晚了人家就关门了，今天就此告辞，下个星期二再过来拜访您。"说完，小李准备递上一张名片，赵总说："不用再给了，我有你的名片，你是××公司的小李。"

如此循环坚持，赵总当然知道小李想做什么。但是一分钱生意都没有做，小李都赵总干了几天活，赵总与小李的心理距离是不是拉近了很多？

破冰操作要点：

一是进店自我介绍后，经销商问你做什么的时候，一定不要说过来看看、过来学习之类的套话。因为在没有建立联系前，大部分经销商都不喜欢被同行观摩，谈话会陷入僵局。而巡店是一个专业术语，指向不明，经销商一般无从辩驳。

二是不谈合作，先干活，而且眼里有活。选择那种能沾灰、能出汗的活干，"成绩"摆在明面上。

三是要快速识别店老板，比如，坐在收银台后面的、在茶台后负责泡茶的人多半是老板。

三、没机会创造机会也要上

埋头苦干型销售人员遇到不搭茬的经销商，经销商开发效率岂不是大大降低？有销售人员问我遇到这种情况是应该坚持还是放弃，我的回答是，遇到这种情况就要主动制造谈话的机会。

场景原型：

第四天，小李帮赵总把包柱上的过期海报清理干净后，这一次，小李没有拍去手上的灰尘，而是主动与赵总打招呼："赵总，您这儿有自来水吗？我洗洗手。"

"后面库房有一个洗手间，让阿力带你去吧。"正在泡茶的赵总招呼阿力过来。

小李洗完手出来，看赵总还没有搭茬的意思，又心生一招："赵总，里面那个仓库好大，能讨杯白开水喝吗？"

久居江湖的赵总自然知道小李"醉翁之意不在水"，了解一下产品又不是什么坏事："别喝白开水了，来，一起泡壶茶聊聊。"

小李的销售机会来了。

将这种案例应用到极致的是卖保险的业务人员，我曾亲眼见过一个推销过程。

业务人员刚进店，老板脸色就变了，硬生生地说："你来多少次都没用，我不会买你的保险。"

业务人员："×总，我不是来卖保险的，就是过来坐坐。"看经销商没有让自己坐下的意思，于是自己找一个靠近经销商的椅子坐了下来。

经销商也不理业务人员，忙自己的事。业务人员坐了一会，看经销商不理他，就找话："×总，我去给您加点水吧？"

经销商："不用，我不渴。"

"那我喝点水，行不？"业务人员追着问。

经销商："随便。"

"×总，杯子在哪？"业务人员就这样一句句地问着。

当时，这个经销商很无奈，估计都快疯掉了。但是两个月后，我听这个经销商说："我还是从这个业务员手里买了两份十年期、总费用30万元的分红型寿险。"

我不鼓励采取这种近似"无赖"的业务手段，但是自来熟型的破冰，保险销售人员算是登峰造极者，鲜有人能出其右。

破冰操作要点：

一是自熟要选择经销商合适的时间，比如，经销商正在泡茶，你可以讨杯水喝；如果经销商正在谈客户，你过去要水喝，碰钉子是必然的。

二是自熟的要点就是搭话，用搭话找到切入点。先投入（先帮经销商干活）再产出（用仓库好大提示我的目的）。当然，就地取材、灵活运用是关键。

四、拉大旗作虎皮

前面提到过，两个陌生人见面，最快的熟悉方法是有一个第三人做中介。你来到一个陌生门店，最快打消门店经营者疑虑的方法就是，我是由某个您认识的第三人介绍过来拜访您的。你过来的目的、意图，中间人一定有所介绍，也不必绕圈子。有第三人的关系在，经销商也容易赴约，也愿意静下心听你说。

第三人从哪里来呢？除了前面介绍的渠道外，还有一个渠道就是通过陌生拜访没有达成合作的关系人。如果你费了九牛二虎之力还是未能攻克潜在经销商，最后，当你准备结束拜访的时候，估计潜在经销商心生歉意，这时，你提出请他帮忙介绍一位他认为合适的、有可能经营自己产品的经销商，这种情形下被拒绝的概率很低。我曾经测试过，10个经销商里至少有6个经销商会答应转介绍的要求，不论你经营什么样的品牌。

请求转介绍的标准话术："虽然不能与您达成合作，但是我想提一个小小的请求，您能不能介绍一位和您的经营不会产生冲突，体量和您差不多，有可能经营我们产品的经销商给我认识一下？"

破冰操作要点：

提前电话预约，在电话里表明关系人和拜访目的，不要纠结在介绍与第三方关系人的具体关系上，用"我是赵总介绍过来……"的话带过。准时准点赴约，见面后第一句话依然是重复第三人转介绍关系，突显第三人的价值背书，"我就是赵总介绍过来的小李……"

破冰其实就是第一句怎么说，这对很多销售新手来说是一道心理关卡。破冰套路主要是为销售新手打开心结，当然也是为销售老手查漏补缺。

第三节 八种专卖大店经销商的开发套路（以建材为例）

建材产品销售的技术门槛使品类分工的界限比较清晰，建材专卖大店做得越好，定位越清楚。你很难说服一个卖地板的经销商再卖灯具（当然，区域性的中小建材超市除外），因为建材产品的销售不是简单的买卖动作，还涉及经销商的专业形象和配套服务能力。比如，铺地板、安马桶、装灯具都需要专门售后师傅提供，这是隐形门槛。我把建材专卖大店的产品模式称为"大而精"。

所以，在建材专卖大店，要么品牌定位，死跟一个品牌，这个品牌开发的绝大部分产品，店里都会全线跟进，这是典型的用品牌定位区分竞争对手的做法。要么品类定位，如卖陶瓷的门店依然会以某个陶瓷品牌为主，但是引进其他陶瓷品牌补充品类的开店策略，而对这个大品类以外的产品比较排斥，卖瓷砖的店内很少卖油漆就是这个道理，这依然是建立在品牌基础上的品类策略。所以，建材专卖大店经销商的开发关键是品牌概念优于品类概念。很多建材销售人员挖竞争对手的经销商，纯粹以低价为诱饵，显然是拿错了方子、下错了药。

根据大店和小店的自身特点，我将建材经销商的开发套路按"8+8"模式，分为大店开发的8个套路和小店开发的8个套路。需要提醒的是，在经销商谈判开发的过程中，要充分应用配套性购买和比较性购买两个概念，灵活应用品牌概念与品类概念。进店以后，经销商如果坐下来听你说，你就迈出了成功的第一步。建材进店谈判三五个回合很正常，除了五金建材店外，如果谈一次就能成，不是经销商刚入行，就是有一个陷阱等着你跳。

建材专卖大店的开发特别强调位置，通常来说，建材专卖大店的位置分两种：一种是在建材城、建材一条街的集中型门店；另一种是独门独户的临街门店。首先，由于建材产品是比较性购买的过程，集中型门店比临街门店的销售能力强。其次，建材品牌的网点开发不属于密集型开发，只有在最好的位置开发出网点才能抢占先机，所以，选择在哪儿开店一直是一个缺乏标准的问题。

一、针对建材市场集中型门店的开发模型

（一）流量分享套路

建材行业排他性销售很常见，尤其是在建材城、建材一条街这样的市场，品牌越大，排他性销售越明显，即使这不是一个明规则。对于大品牌，经销商开发的原则之一就是贴近主要竞品选择最优客户开店，越好的地方越容易跟进，越好的地方越要选择店面够大的经销商，而且要全店装修。小品牌也可以参考这种方法。

开发话术：

销售人员："赵总，你看隔壁店，××品牌这个类型的产品一年的

销售额大约 500 万元，建材产品销售的特点是'一逛二比三购买'，去隔壁店的人至少有 8 成会逛你的店。建材产品网点都是远点开发，你是不可能拿到那个品牌的经销权的，如果做我们的品牌，我们的产品风格和质量和那个品牌接近，虽然品牌影响力稍弱，但新增一个旺销品类，你将新增多少销售额？"

（二）定位锁定套路

建材行业为什么喜欢用企业品牌名做店名，这既是渠道不成熟的表现，也是门店卡位的手段。品牌大小决定了门店的档次，有些门店在引进品牌时，高、中、低档兼顾，品类包罗万象，最后活生生地将自己做成了杂货店。

开发话术：

经销商："你怎么知道我没有与隔壁店同质化的品牌？去年我就引进了××品牌，产品差不多，价格还比隔壁店便宜，结果货都砸手上了。"

销售人员："大店销售的品牌不能像小店一样求全，所谓高、中、低档都有的模式肯定会降低你的门店定位。你的货为什么会砸手里？你引进的那个品牌只是一个低端品牌，和你们店的中高端定位明显不符，愿意进你们店里的一定是准备买好东西的消费者，低端产品自然没有销路。我们的产品消费者定位是都市白领，以前产品专销欧洲，获得过欧盟认证（介绍技术指标，并拿出对应的认证文书和文件）。您看，我们在其他城市也只开发中高端门店，这是在××城市的旗舰店，这是在××城市的专卖店（拿出样本门店的照片给他看）。"

（三）品牌截和套路

建材产品销售一站式购买的特点非常明显，这也是很多企业和门店喜欢推战斗品的原因。消费者有直接看品牌购买的，买了某品牌的水龙头，最后又买了这个品牌的浴缸，这种情况很常见。通过战斗品带动关联品的销售，通过促销品把消费者吸引到店里，建材销售卖的不是某个产品，而是某套产品。

开发话术：

经销商："你还是没有弄清楚状况，我接了另一个中高端的××品牌，但是消费者都买隔壁店品牌的产品，现再引进同一档次品牌的销售情况也不太好。"

销售人员："你知道隔壁店的产品为什么卖得火吗？它有一款××型号、××规格的产品是主力爆款产品，很多消费者被这个爆款产品的长期特价吸引。你不能仅仅引进一个和自己定位相当的品牌，还应该找一个针对竞争门店特点的品牌抓手。我们有贴近隔壁店品牌销量最大、价格只有2/3的截和产品，产品外观和品质基本一致。更重要的是，我们还在橱窗陈列方面做了两个方案：一是突出性陈列，二是比较性陈列，保证经过门店的消费者一眼就能看到（拿出陈列方案的照片给经销商看）。您也知道，建材产品的销售特点是一站式购买，为了保持装饰风格和品质的统一性，如果消费者选择了我们的这个产品，其他产品选择我们品牌的概率也不低。"

（四）联系优先套路

销售人员经常会遇到时机不对，其他品牌捷足先登的情况，某些建材产品涉及安装和装修问题，竞品一旦进店，取而代之的难度很大。对于一些关键网点、关键位置，企业应该尽快进驻，即使不能全品进驻，也要尽量和经销商建立联系，逐步渗透。

开发话术：

经销商："你来晚了一步，我引进的那个品牌最近也开始推广一个相似的爆款产品，我也准备上货，现在正商量怎么做装修。"

销售人员："晚倒不晚，我只是有点为您担心，您不应该在一棵树上吊死。那个已经合作的品牌虽然也在推爆款产品，但是到底能不能爆，产品还没有经过市场检验，现在还很难说。我们的产品已经经过全国各地市场的测试，你看，上海九星建材市场一个样板门店爆款产品一个月的销售额是62万元，广州天平架建材市场一个样板门店一个月的销售额是56万元（拿出样板门店销售数据表给经销商看）。您即使不进我们的全套产品，也应该试试我们的爆款产品，看能不能为您带来更多的销售机会。况且第一次合作的客户，爆款单品进货不允许超过2万元，因为这个产品我们也赚不到钱，主要是引流产品。我希望您能尝试一下，看看效果。"

二、针对临街独立门店的开发模型

建材临街门店靠什么存活？仔细观察就能发现，要么是多品牌大店，要么是门店位于小县城（区域相对封闭）。这时，很多品牌不得不向位置妥协，在很多临街大店里，行业老大和老二共存的现象并不少见。在这样的市场里，要么是在这样的门店旁开发新门店（可以参考建材市场集中型门店的开发方法），要么是想办法让产品进入这家店。

（一）动线分析套路

大店要么占据了最好的城市位置，要么消费者选择范围较小。开发这样的经销商，从外围的地理环境到消费者的行动路线，可以充分结合建材产品比较购买的特点，从品类补全的角度进行引导。

开发话术：

销售人员:"您看,这个城市桥北是居民区,桥南是商贸区。桥北的居民到桥南买灯具,一定要经过人民路的金峰灯饰,这是一家主要卖水晶灯的店;还会经过建设路的君安灯具店,这家店也有水晶灯,最后折返的时候要经过您的店才能上桥返回。您也知道,灯具建材这类产品都是"一逛二比三购买",看了就买的可能性很小。您店里有平板灯、吸顶灯、羊皮灯,唯独缺少花灯品牌。事实上,消费者经历过前两家店的对比后,在您这里花灯落单的可能性最大,您怎么能放弃这么好的品类呢?"

(二)需求分析套路

建材产品的经销商开发,用消费者的需求引导经销商的需求,往往更能抓住经销商的痒处。因为消费者要买,比经销商要卖更重要。

开发话术:

经销商:"你不知道,我们这里的房子装修都比较简单,花灯太复杂,这里的人不喜欢。"

销售人员:"您对面刚刚开盘的水榭花城,房价每平方米接近7000元,房屋层高超过3.5米,装平板灯、吸顶灯层吊明显太高了;桥北即将封顶的金色晓岛,连体别墅有100多套,别墅可是花灯消费的主要人群。前面金峰灯饰的王××,这个月又引进了一个新的花灯品牌。君安灯具的彭总前天还给我打电话,希望我过去和他谈谈,愿意在您的店旁边找一个店面开分店。我看您的店是老店,经营意识比较强,所以才来找您。现在生活品质都在升级,消费升级就在眼前,您得抓住机会啊。"

(三)利弊转化套路

从消费者需求到经销商的自身需求,搭桥的依然是消费者的比较购买行为。任何事物都是一利一弊，品牌大，销售难度低，利润空间就小；品牌小，需要反复推荐，利润空间就大。经销商的开发谈判，光说利润高还不成，还得加入消费者的购买动因。

开发话术：

经销商："我是准备引进一个花灯品牌，但是你们的品牌太小，我怕消费者不接受，所以我还想看看。"

销售人员："您觉得我们的品牌小，是因为我们刚刚才进驻您所在的城市，××市的××灯饰，我们品牌的产品一年的销售额早就超过300万元了（可以拿出样板门店的照片和数据给经销商看）。建材产品推荐性购买的概率非常高，花灯销售更是如此，您的店是一个大店，不仅产品品类要齐全，每个品牌的产品定位也要有差别。大品牌知名度高，但是价格透明，限制和要求比较多，引流可以，利润就低一些，况且您的店所在的位置应该不缺流量。我们的品牌虽然小，但是渠道利润高，还是那句话，建材产品是比较性购买，您只引入一个花灯品牌，消费者选择空间就小，您的成交率就会降低。"

（四）品类优先套路

在进店谈判过程中，很多经销商都会有引进一两个单品试试的想法，对销售人员来说，这是退无可退的选择。但是，如果有选择，销售谈判应该是努力扩充品类而不是做大单品。最后提醒大家，配套性销售和比较性销售是进店谈判的外在武器，品牌概念和品类概念是进店谈判的内在武器。

开发话术：

经销商："试试你们的花灯可以，但是我不想进这么多规格的产品，我先引进一两个单品试试。"

销售人员："消费者的建材产品购买一定是配套性购买，装修材料保持同一色调和风格是装修的基本要求。如果您只引进一两个单品，您可能会丧失更多的配套销售机会。所以，我建议您，品类尽量全面，单品的数量不要下单太多，我们的首批进货额限制在 5 万元以内，也是要保证您的产品能够形成配套销售，不至于造成产品大量积压。"

建材专卖店的大店开发套路只是为销售人员提供了思考路径，而不是冷冰冰的模板。比如，利弊转化套路要求销售人员在经销商提出任何不利于自己的问题时，都能快速地想到弊处的另一面。兵无常势，水无常形，运用之妙，存乎一心，多用这样的模式和套路去思考和实践，最终能成为出奇制胜之神。

第四节　八种五金小店经销商的开发套路（以建材为例）

相对于建材专卖大店，建材五金小店的不同之处在于，跨品类经营司空见惯，品牌导向弱于品类导向。小许五金经营部、周师傅五金店的店招和门头，表现出极强的个人品牌色彩。品类上，卖落地扇的五金店里还卖强力胶水，卖开关插座的同时，还卖各种规格的水龙头，有些小店甚至还在门口支个小摊卖香烟、瓜子、矿泉水。五金店的销售主要是建材零部件的更换和配套，比较性购买和一站式购买的特点不明显。由于安装更换的技术门槛相对较低，很多时候都是男主人自己摸索搞定，因此，店内品类发展不受技术服务能力的限制，扩充品类是重点。我把五金建材小店的产品模式称为"小而全"。

正因为如此，只要商圈周围有人需要的建材配件，小店店主都愿意按品类、按规格、按档次备齐。这就需要销售人员有合适的方法和技巧提醒小店老板：周围消费者需要买的东西，你的店里正缺货，而我手上正好有货。所以，建材五金小店的进店谈判，要么从消费者的需求入手，要么从小店的品类入手。

一、从消费者的需求入手

（一）就地取材套路

开发话术：

销售人员："老板，您的店前100米就是××大学的宿舍区，哪个宿舍不是密密麻麻各种电线交织在一起，哪个宿舍不需要几个插线板？"

经销商："你看我这不都是插线板吗？"

销售人员："我看您卖的插线板的线长都是3米以下的，4米以上线长的插线板基本没有。"

经销商："进那么多货干吗？线长了，插线板价格贵，学生钱少，不愿意买贵的，进了货肯定不好卖。"

销售人员："有道理，但是大学宿舍里桌椅、床头摆放位置比较混乱，拖板走线比较复杂。在这样的环境里，线越长的插线板越容易插电走线。只是这些学生买东西时没有计划，就知道比较价格。下次有学生过来买插线板，您只要点拨一下，学生就知道选择线长的插线板了。这样一来，您的利润高了，学生用起来也方便。"

（二）放大预期套路

开发话术：

销售人员："老板，您的店里缺少一个消费者要买的品牌。"

经销商："胡说八道，我这里高端品牌有飞利浦、西门子，中端品牌有欧普、西蒙，低端品牌还有好几个，高、中、低端产品都有。"

销售人员："您可能不知道，我给您透个信。您斜对面的××第二期精装房项目，灯具的中标企业就是我们企业，里面所有精装采用的光源、灯具、开关都是我们提供的产品。宝马汽车的养护为什么都选择去4S店，因为同品牌的原装配件使用起来更放心。如果有零配件需要更换，你认为消费者会不会再选择这个牌子？"

（三）关联销售套路

开发话术：

销售人员："老板，你们这儿是卡口的灯泡卖得好，还是螺口的灯泡卖得好？"

经销商："我们这儿卡口的灯泡卖得好。"

销售人员："你知道为什么吗？"

经销商："你还能比我更清楚？"

销售人员："这里不是老旧小区，就是20世纪90年代的宿舍大院，当时用的灯具肯定是卡口的多，所以替换时买卡口的灯泡就多。"

经销商："我当然知道这个情况，用你告诉我？"

销售人员："对，我只是想提醒您，您想不想提高螺口灯泡的销量？"

经销商："你说说看。"

销售人员："我们公司专门生产和销售灯具转接头，能够将灯具卡口变螺口、螺口变卡口，消费者只要买一个转接头，即使是卡口的灯具也能装螺口的灯泡。您卖我们的转接头产品，螺口灯泡的销量不就提高了？"

第二章
经销商开发,是"拉关系",更是技术活

(四)特殊人群套路

开发话术:

销售人员:"老板,除了一些老邻居在您这儿拿货,是不是也有很多水电工经常在这拿货,帮别人做水电维修啊?"

经销商:"有倒是有,但是除非有人指定品牌、型号,否则水电工都拿便宜货,我们也赚得不多。"

销售人员:"我们现在针对水电工做活动,一箱开关送10个,相当于您首次进货就可以打九折。每个单包里面还可以凭产品说明书兑换0.5元现金,水电工想赚的钱,相当于我们给您出了一部分。如果您是零卖,这0.5元就相当于直接返现。除此之外,愿意登记造册的水电工还可以参加我们的年度积分活动,年底根据积分,水电工还可以享受二次返现。水电工愿意参加活动,和您的关系就更紧密了。"

二、从小店的品类入手

(一)型号丰富套路

开发话术:

销售人员:"老板,10w左右的灯泡是不是您店里卖得最好的型号?"

经销商:"是啊。"

销售人员:"但是您店里10W的灯泡有螺旋的吗?"

经销商:"我有2U的灯泡。"

销售人员:"有半螺的灯泡吗?"

经销商:"我有2U的灯泡。"

销售人员:"有3U的灯泡吗?"

经销商:"我有2U的灯泡……"

销售人员:"建材五金小店当然不可能把所有品类做全,但是主流规格的型号产品选择是不是要丰富一些?比如,10w的灯泡,咱们至少要把2U、3U、螺旋、半螺旋等常见的型号备齐货,选择性太小,很多原本应该在你店里成交的生意都流失了。"

(二) 品牌丰富套路

开发话术:

销售人员:"老板,您店里还缺一个品种。"

经销商:"10W的灯泡,我有3U、螺旋、半螺旋的,你说我缺什么?"

销售人员:"我也知道,五金小店不可能把所有品牌备齐,但是除了主流规格型号要丰富,品牌选择也要丰富一些。您看5W的灯泡您有4个品牌,22W的灯泡您有5个品牌,10W的灯泡您只有1个品牌。一个常用功率的产品,您只有一个品牌,选择性太小了,很多原本应该在你店里成交的生意都流失了。"

(三) 各司其职套路

开发话术:

销售人员:"您的店招都是公牛品牌,它一定给您提高了人气。"

经销商:"是啊。"

销售人员:"大品牌虽然能提高人气,但是利润空间小。"

经销商看着销售人员不说话。

销售人员:"建材产品是低关注度产品,很多人进店前,其实都没有想好买什么品牌的产品,只知道要买什么东西。最后买什么,您的推荐至关重要。既然这样，您为什么不推荐利润高的产品呢？我们的品牌虽然小，但是渠道利润空间高，我们的一个产品的利润相当于其他品牌三个产品的利润。"

（四）利润周转套路

开发话术：

销售人员："老板，虽然我们的产品利润比不上你手上的小杂牌产品，但是我们的品牌是中国驰名商标，消费者都知道我们的产品，一次性成功购买率比较高，您卖得也不费劲。"

经销商："你们的产品卖起来不费劲，可是到我店里买东西的人最后买什么主要靠我推荐。"

销售人员："您当然是决定产品销售的主要原因，但是自然动销和推荐销售相比，自然动销的流转速度更快。我们首批进货就1000元，一般的五金小店每个月都要流转两次，虽然只有15%的毛利率，一个月也能赚300元。小品牌不仅流转慢，配送也不及时，每次让你压一批货，3个月后才能见到人，就算有50%的毛利率，也许3个月才能流转一次，一个月的毛利不足200元。所以，生意要靠周转。"

销售套路就像武术的表演套路一样，平时扎扎实实地把套路练好，将每一个动作融入骨髓里，当真正实战的时候，别人迎面一记长拳，你下意识地顺手下拨，虽然这个动作只是你每日苦练套路里的某一个动作环节，但平时练得越多，实际使用时就越有力量和技巧。实战就是将原有的套路全部打散、捏碎、重来，每个动作都在你平时练习的套路中，只不过重新进行了排列组合。所以，练习表面上看是物理反应，骨子里却是化学变化。

第五节　开发谈判，经销商认为你的品牌知名度低、不靠谱怎么办

建材产品涉及较多的售后服务，包括安全隐患、二次安装、产品配套销售等，因此，越是有经验的老经销商越知道在选择产品的时候，不能单纯地贪便宜、看利润，一旦遇到那种捞一票就走的企业，在区域市场留下的烂摊子还得靠自己收拾。对于名气小、品牌背书弱的建材品牌，销售人员进行开发谈判时，听得最多的一句话就是："以前没听说过你们的牌子，你们别干一年就倒闭了，我看看再说吧。"

经销商的担心有没有道理？当然有道理。东莞的家具厂、古镇的灯具厂、顺德的家电厂，这些所谓的产业集中带，既让大企业的规模效应发挥得淋漓尽致，又让创业厂家的门槛大幅降低，企业速生速死成为常态。品牌不响、知名度不高的企业销售人员，遇到这样的质疑怎么办？这时，是不是销售人员拍着胸脯、大包大揽地说："您放心，有我这个大活人在，还怕跑了不成？"我估计经销商下一句就是："就因为你是个大活人，我才怕你跑了。"

其实，知名企业的销售人员也遇到过这样的问题，比如，大企业做子品牌、大企业推新品的时候，经销商或多或少都会有这样的质疑："你们铺货的时候说得天花乱坠，铺完货就走人了，后续出现问题我找谁去？"

对这个问题的处理，我们可以参考一下，聪明的外地准女婿是如何让丈母娘相信，自己对她的女儿是真心的、会负责到底的。丈母娘是不是怕你跑？也不是，她担心的是你跑了，她女儿后半辈子的幸福谁负责？如果你告诉她，即使你跑了，她的女儿也有一个兜底的方案。比

如，家里穷的，准女婿就入赘女方家，生的孩子跟女方姓；小富之家则将新房安在女方父母家周围，房产证写上女方的名字；有钱人家，准女婿直接给女方二老几百万元的养老费，即使自己跑了，女方也不至于人财两空。

经销商是怕你跑吗？经销商也不是怕你跑，是怕你跑了之后，一堆货砸在自己手上，该给的返利没给、该核销的费用没报，下线网点和消费者还有一堆破事需要自己面对。所以，你担保这样的事情不会发生还不如告诉经销商，即使这种事情发生了，企业也考虑了保障经销商利益的方案，这样更能打动经销商。

当经销商说出这类疑惑的时候，最好的应对办法是正面肯定这种疑惑，并将他没有说出的部分加以补充，同时将这种现象带来的后果具体地描述一遍，越具体越好。你说得越具体，经销商认为你们公司考虑得越清楚，解决这些问题的方案也越有效。

"赵总，一看您就是经验丰富的经销商。现在行业不景气，捞一票就走的不良厂家确实很多。刚来找经销商合作时，什么都好说、什么都可以做、要什么答应什么，等第一批货压下去后，一看市场没反应，态度就变了。产品卖不动，他不管；市场有退货，他不问。出现大的质量问题，这些不良厂家干脆电话不接、短信不回，所有事情推得干干净净。不仅销售人员无影无踪，很多经销商连合作厂家的地址都找不到。合作之前，很多经销商连工厂都不去看看，等出了问题，事情就麻烦了。现金全压进去了，说好的市场支持一样没兑现。有些经销商由于选择厂家不慎重，还无端地搅进一些官司纠纷中，费钱、费力还费心。无良厂家可以拍拍屁股走人，但是哪个经销商不是靠着自己的市场养家糊口、安身立命，所以，我完全理解您的担忧。"

经销商听完这些话后，是不是感觉比大包大揽的销售人员靠谱一点，但是经销商还是不会动心，因为你只说出了问题，并没有给出问题的解决方案。

接下来，你要做的就是邀请经销商去见你的"父母"——去工厂看看。记住，你一定要配套说这句话："关于你对我们企业的认知，我在这儿吹破天都没用，我诚挚地邀请您在方便的时候去我们的工厂看看，到时候您只要提前打一个电话，我会让公司提前安排车辆接您。"

这里涉及另一个问题：如何设计一个好的工厂的参观流程。内部要反复评估和修改这个流程，我建议从三个方面着手：产品材料的体验和解剖比对（上门拜访不便呈现的优势）、样板市场的照片和适度的销售数据（市场机会）、固定资产和核心关键技术的投入（我为什么会打持久战等关键问题）。关键陪同人员最少是两个：一个做产品，一个做商务。如果是潜在大客户，老板也要出来接待。

当你邀请经销商参观工厂的时候，经销商要么不说话，要么随口一句："好啊，下次过去给你打电话。"即使经销商后来真去工厂参观了，是一个销售促成的极好信号，但是当下，经销商的疑问还是没有打消。因为你用一个有门槛的方式让他去验证，即使看了工厂证明你的实力很强，也没有消除你会捞一把就走的隐患，骗不骗人跟实力大小真的没有必然关系。

接下来你要做的就是向经销商正式兜售公司的兜底方案，彻底打消他的疑虑。

"赵总，我们公司每天都在讲，严厉禁止我们向经销商压货，尤其是新开发的客户，就怕我们开发完客户后不干活。所以，公司第一次给新客户发货有一个2万元的上限额，超额了公司也不会算我的销售额。同时，所有第一次合作客户会免费配发一个对比材料展示架，您只要在

3 个月的检核期内保持陈列，您就可以享受 2000 元的陈列奖励，这相当于直接返还 10% 所得的净利；进货当月，我还必须在您指定的小区帮您做一次推广演示，所有新客户都必须做，否则缺一次活动，我的月绩效工资就会被扣掉 10%。今天是这个月的 14 号，如果今天能达成合作，我就必须在本月月底前安排推广演示，如果 15 号以后达成合作，推广演示就要顺延到下个月的 15 号之前。另外，对于消费者的售后问题，我们采取的是企业兜底制。所有产品的售后，我们公司都在太平洋保险公司做了财险担保，如果因为产品质量问题导致消费者利益受损，企业未能及时赔付的，太平洋保险公司会做先行赔付。我们都发放了售后服务承诺的不干胶贴，只要您愿意，可以把我的个人电话写在上面，然后贴在所有产品的外包装上，因为上面明确售后责任的第一联系人是区域经理，主体责任是我们公司。"

经销商的担忧，可以让经销商自己提，也可以由销售人员主动说破。开发谈判的很多问题即使经销商不说，销售人员也要主动说破。因为经销商不说，你也不说，即使想要再次合作，也会缺乏信任基础。

第六节　开发谈判，经销商非独家不做怎么办

建材行业经过这些年的发展，从青睐低端品牌的五金店到批发商渠道一枝独秀，再到中高端产品专卖店和大卖场形式的异军突起，再到中高端产品调转车头向五金门店杀了个回马枪，建材产品的网点布局趋势已经不是用独家还是非独家、谁更适合能够回答的简单问题了。

对于独家还是非独家的问题，五金店似乎比专卖店的心态好。销售

人员做网点拓展时，更多的是遇到专卖店的老板说"我要独家经销，你再开其他网点我就不做了"，或者是"火车站的网点别人都做了，我没兴趣"。你很少遇到哪个五金店的老板这么横，因为五金店的老板知道自己是"百家人卖百家货"，品类全是关键，品牌是次要，没有哪个消费者为了买一个配件会从城南跑到城北，五金店的消费是随机购买。专卖店老板认为自己是做品牌的，消费者只要选中了品牌就一定会买产品。消费方式不同，决定了五金店老板和专卖店老板的关注点不同。

建材行业的销售人员遇到独家经销商的"刁难"后，是知难而退投奔五金店渠道还是迎难而上搞定专卖店老板？

建材行业发展到今天，经销商知不知道独家经销的可能性有多大，尤其是专卖零售门店做独家经销？我估计90%的经销商都是这样盘算的——"能独家最好，不能也不吃亏"，还有10%的经销商的真实想法是"真烦，又来一个推销的"。

所以，面对这样的"刁难"，销售人员首先要辨别这是一个真问题还是一个假问题——经销商是想借着这个问题打发你，还是真关心能不能独家经销。要验证这个问题，其实方法也很简单。

一是看这个问题的提出时间。如果是进门没说两句话，经销商就提出这个要求，多半是假问题；如果是进入到合作细节谈判，经销商提出这个问题就有可能是想努力争取独家经销。

二是当经销商提出这个要求时，你反问："是不是同意独家经销商，你就能打款、进货、签合同？"经销商如果推脱："我还要看看其他政策。"而不是乘势而上，这就是一个典型的假问题，这个客户对你真没兴趣。

分清了真假问题，接下来就是如何技术性地处理这个问题。有的销售人员告诉我："如果有经销商要求独家经销，我就会问他如果独家经销，能不能只经销我们的产品，放弃其他品牌。"这个回答好不好，我只能说这个回答有局限性。除非品牌够大，这种"以其人之道，还治其人之身"的做法，只会令谈话进入尴尬的境地。

还有销售人员告诉我，等装修了门店进了货，经销商就不能退出了，生意没做起来之前，有几个经销商有精力去法院告厂家？我只能说，遇到有经验的老经销商，你会死得很惨。

谈判、谈判，其实在下判断之前，都是可以谈的。前一个销售人员以条件换条件，方法可取，后一个销售人员先上车后买票，思路可鉴。若要将独家经销的应对方法副作用降到最小，可以尝试将两种方法融合一下。

怎么融合？先用条件交换筛掉只想碰碰运气的经销商。具体的话术可以参考以下标准：

"赵总，是这样的。我知道您很有意愿做我们的产品，所以，你当然不希望自家栽树，别人乘凉。但前提是，咱们得先让这棵树长大。您的要求我们完全同意，但是，您也得听听我们的要求，我们才能把这棵树养大。如果您要独家经销，我们是要收取××万元的市场保证金的，如果不是独家经销，您就不必交这笔钱。这个保证金作为您在这个区域里全力拓展市场的承诺。当然，我们会按银行的利率给付利息，按年度返回保证金。为了保证您顺利达成市场目标，我们在合同里也会规定，只要您能通过季度性的销售回款考核、陈列标准检查、推广效果评估，我们就绝对保证您独家经销商的权利。我们也会有专门的推广人员协助您完成指标。"

如果只想碰碰运气的经销商这时应该说："如果不是独家经销，你们也会有专人来帮我做市场吗？"其实，这时他已经放弃了独家经销的想法，转而变成如何满足市场的需求了。如果经销商断然拒绝，直接说不，应该说这个经销商打心眼里就没有想过好好经销你的产品，没想过怎么投入市场，只是想顺个牌子。

筛掉碰运气的经销商和没有合作意愿的经销商，剩下的就是想好好干又认死理的经销商。一旦用好，就是清洁的核能源，一旦用不好，就是一场核灾难。

首先，能收到保证金的一定要收保证金，钱是制约经销商最好的工具，这个问题后面还会说。其次，在经销商的合同中，一定要签一个正式合同和一个补充合同。

正式合同是公司的标准合同、格式合同，不容修改。有些销售人员图方便，将经销商提出的额外条件用笔写在合同里，或者自己加上一段内容，这容易让经销商认为你的公司太不正规，格式条款其实也是可以谈的。

补充合同一定要单独打印和签订。一是要表明该政策的特殊性（额外制定），即使要求经销商做额外投入，也会让经销商感到物超所值；二是重立文本才能使条款细化、周全。那些在格式合同上随便加塞几个文字说明的做法，都是日后引发冲突的根源。原则上，对经销商独家经销的对等条件分为定性指标和定量指标，定性指标可以作为销售人员对经销商的印象分，经销商全力以赴时，可以多给分，经销商朝三暮四时，可以少给分。定量指标除了销售额，还应该考核新品贡献、最低总量库存、窗口产品库存等指标，越细越好，即使无法监控也要写上去。单一的考核销售指标，容易引发经销商恶性囤货和砸价，销售人员日后解决问题还师出无名。

第七节　开发谈判，如何破解"钉子户"的语言模式

开发拜访，碰钉子并不可耻，可耻的是老被同一个钉子扎到手。基

层销售本身就是一个"受百家气，吃百家饭"的活儿，不在一线市场没脸没皮地历练几年，你怎么能成为那种"蒸不烂、煮不熟、捶不扁、炒不爆，响当当的一粒铜豌豆"？

"钉子户"最令销售人员头疼，但"钉子户"也是最可爱的。"钉子户"其实是最不爱动脑子的群体，这么说是因为"钉子户"拒绝你的套路的语言模式甚至都万变不离其宗。他们只想尽快打发你，采用的语言模式都是他们在实际运用中最安全、最保险的，少有创新和创意。

销售人员在攻城拔寨、进店开发之时，有些网点由于门店位置或者老板资源具有得天独厚的优势，一旦拿下这样的网点，就如"决积水如千仞之溪"。所以，对有些网点来说，不是讨论要不要拿下的问题，而是如何拿下的问题。

"钉子户"为什么会成为"钉子户"？80%的"钉子户"本能地拒绝新面孔、新品牌、新产品，他们只是对这个销售人员满怀敌意、对这个陌生的品牌充满疑惑，绝大多数经销商不愿意去了解这个被他拒之门外的品牌究竟有什么样的故事？所有的排斥都源于自我保护的本能。

基于这样的原因，当你好不容易鼓起勇气，再一次来到目标店的时候，店老板要么用没计划、没时间、没利润、没地方、没钱、没人要等"没字句"格式的理由，希望和你速战速决；要么用要铺货、要价格、要独家等"要字句"格式的理由，希望你知难而退。

见招拆招，对于"没字句"格式的理由，标准的化解方式是：您又把我当成推销的了？我不是来卖货，就是走访市场，顺道过来看看您。只有将这种速战速决的意图"四两拨千斤"，争取在店里留下来、坐下来，才能在店里活下来。活下来，才能用我后面要讲的"一勤二挖三给药"的套路。

对于"要字句"格式的理由，前面也有过案例介绍，先用反问筛选："是不是给您铺货、特价、独家，您今天就会打款、进货？"以退为进，破解这种假问题，然后再用"我就知道您跟我开玩笑"来打圆场。要破解"没字句"和"要字句"的语言格式，还必须有张二皮脸，脸皮薄的人还真不适合做销售。

当然，"屈人之兵而非战，拔人之城而非攻"，要拔掉"钉子户"，仅逞口舌之快绝对不行。

"钉子户"最厉害的招数是什么？百般挑剔你的产品、提出各种无理要求，还是顺口就叫你"滚出去"。其实这些都不算，"钉子户"的大招是不理你，拒绝和你沟通，漠视你的存在。就像一头野狼碰上一只野刺猬，刺猬缩成一团，狼无处下嘴。野狼对付不了刺猬，换成黄鼠狼就不成问题了，因为黄鼠狼的手段是用屁让刺猬敞开胸怀。所以，以我个人的销售经验，搞定"钉子户"就是七个字："一勤二挖三给药"。

"一勤"："钉子户"的特性是至坚至刚。刚者易折，柔者长存。对付"钉子户"就得细水长流，软磨硬泡。销售拜访有一个法则，即如果你拜访100个客户，有5个人会达成交易，成交率5%；如果你拜访200个人，成交人数不应该是10个人，可能是12个人，或者是15个人，也就是成交率是6%或者是7.5%，这就叫拜访成交递增法则。只要用心拜访，销售的成交率一定是缓慢提升的，而不是一成不变。这个定律用在某个客户身上，每增加一次拜访，这个客户的成交概率就提升了一些。对于必须要拿下的客户，时间是最好的良药，这里面没有大道理，只有最简单朴实的常识，所以懒人做不了销售。

"二挖"："勤是根，巧是本"，仅仅成天往"钉子户"那儿跑远远不够，你还得学会在时间这杯水里下点药。当通过时间让"钉子户"不那么拒绝你的时候，就是你打开缺口的时候。"钉子户"之所以拒绝你，根子上是你没有满足他的需求，或者是你不知道他的需求。要解决这个问题，刚开始，"钉子户"不拿正眼瞧你，你们双方的信息是隔绝的；当你死缠烂打之后，信息孤岛的通路被打开，用官方语言说，这是一个增加互信的机会。挖掘甚至创造经销商的需求,是趁势拿下经销商的最好途径。常用的套路是,找到"理想"与"现实"的差距,发掘经销商的真实需求。话术参考如下:

"赵总,您对现在代理的××产品满意吗?"(你问10000个经销商,10000个经销商都告诉你满意)

所以,你得这样问:"赵总,您现在代理的产品和品牌,是不是您理想中的产品和品牌?"(你问10万个经销商,10万个经销商都会纠结,不知道怎么回答)

"最理想?不算吧。"

"有哪些地方让您不满意?"

"新品上市太慢,很多市场费用都是我们先垫上的,总部的核销速度太慢,去年8月份的费用到现在半年过去了,还没有审批下来。"

"这些问题对您影响大吗?"

"大,做这个生意看不到现钱。一旦费用冲抵货款,给的全是老产品。"

看见没有?销售人员在挖经销商的痛处,而且根据这个痛处带来的后果引导经销商进行自我具体化,就是将自己想说的话,通过经销商的嘴说出来。

"三给药":挖出了病根,销售人员赶快评估一下,自己的品牌能不能针对这个"钉子户"的痛点给政策。接下来你就趁热打铁:"如果有一个产品和您代理的品牌市场体量、产品种类差不多,新品计划提前一年让重点经销商参与评估,市场费用可以采取厂家先行支付的方式进行合作,您愿不愿意尝试一下?"

经销商听到这个建议有什么反应?试试又何妨,至少会集中精力听一听销售人员怎么说。对症下药是解决"钉子户"的杀手锏,针对"钉子户"给政策可能不是最好的选择,但却是最有效的选择。

软磨硬泡,见微知著,抓住"钉子户"松动的间隙,是拔掉"钉子户"的必备技能。最后,给大家分享"钉子户"松动的十个迹象,其实不仅仅是针对"钉子户"的,在日常业务拜访中,这十个迹象也值得销售人员参考。

(1) 经销商主动给你打电话。过去都是你往人家店里凑,如果某天经销商突然打电话约你,这很有可能是有意愿合作。

(2) 导购员对你比较热情。虽然老板娘还是板着脸,老板也一副高深莫测的样子,但是如果导购员突然对你客气起来,说明老板有了合作意向。

(3) 主动拆开你的样品比较、体验。虽然一脸的嫌弃和不屑,但是进行产品比较和体验的动作是愿意深入了解品牌表现,尤其是比较、体验完以后,一句话不说的时候。

(4) 主动跟你分享他的销售计划。没有人会把自己的底牌主动曝光给一个毫不相关的人,当经销商主动分享他的销售计划时,他希望你看到他身上的闪光点。

(5) 抱怨现有品牌的缺点。无论是在你的引导下,还是主动说,经销商对代理品牌的抱怨,是基于相信你能够帮他解决这些问题。

(6) 带你参观仓库和办公室。

(7) 针对细节讨价还价,了解企业的中长期计划。

(8) 愿意去工厂或者办事处参观。凡是愿意去工厂或者办事处参观的经销商,趁热打铁,十拿九稳,除非你的工厂或者办事处实在让人入不了眼。

(9) 关键问题没解决,愿意花时间耗着。经销商和你谈细节不可能一帆风顺,尤其是他的关键需求没有得到明显的响应,还没有结束谈话的意图的时候。

（10）主动留你吃饭，甚至让朋友作陪。

第八节　初次拜访效果很好，为什么到后面就没动静了

小李通过陌生拜访，遇到一个是老乡关系的经销商。这个意向客户似乎对自己的产品非常感兴趣，两个人足足聊了一个小时，临走时，意向客户还主动留他吃饭。

晚上做客户梳理的时候，小李已经把这个客户作为重点发展对象，准备趁热打铁一举拿下。建材市场开门都比较晚，等到第二天上午10点左右，小李给这个经销商打电话预约，电话响了很久，就在电话即将自动断线的那一刻，电话接通了。经销商远没有昨天进店谈判时的热情，甩了一句："我今天没空，以后再说吧。""啪"的一声把电话挂了。

小李也明显感到对方的不耐烦，但是昨天还相谈甚欢，怎么今天就像变了一个人？

第三天，再打电话约时间，经销商这一次说得更直接："别一打电话就是做不做经销商，一点都不像老乡，现在我没有兴趣接你们的产品，有需要肯定会找你，以后有空过来喝茶。"

一来二去，这个原来被确认为最有希望的经销商变成了最难搞定的经销商，并且还不知道是什么原因。

这种初次拜访效果非常好，但后期经销商180度大变脸的情形，估计很多销售人员都遇到过。为了预防这种情况，我曾经在培训课上让学

员列举经销商翻脸的可能原因，列出了13条：

（1）业务人员推销能力太强，经销商后来想明白了。

（2）经销商认识的同行中，有的已经做了这个品牌，一打听，口碑不太好。

（3）合伙生意，一个老板做不了主，另一个老板不同意。

（4）经销商自身出了变故，没有精力。

（5）经销商抱着多了解市场信息的目的，本来就没有合作的意向。

（6）门店背景调查没做好，这是一个品牌直营店。

（7）销售人员跟得太紧，引起经销商反感，欲速则不达。

（8）有其他品牌介入，政策力度远大于我方。

（9）经销商拿着我们的政策去找其他厂家要政策。

（10）在初次洽谈中，没有注意对骨干员工或者核心员工，甚至老板娘给予足够的重视和尊重，事后被他们说坏话。

（11）临别时措辞不当，让经销商反感。

（12）谈判过程中，犯了经销商的忌讳，经销商只是隐忍未发。

（13）这个门店是新店，老板开店不久，比较谨慎。

当然，导致经销商大变脸的原因还有很多。但是，从上述罗列的原因也可以看到，初次拜访过程中，暗流涌动，暗礁无数。初次谈判，即使表面看起来你好、我好、大家好，销售人员一旦掉以轻心，就可能踩上自己埋的雷、经销商扔的雷、别人甩的雷。

那么，初次拜访如何避免多做多错、多说多错，我分享一些原则性的技巧。

一、凡事预则立，不预则废

进店之前做必要的门店背景调查，连基本的背景调研都没有做，结果跑到了竞争对手自己开的门店里,这不是自讨没趣吗?稍有心机的竞争对手都不会放过了解竞争对手经销商政策的机会。

二、害人之心不可有,防人之心不可无

市场就是江湖,厂家和商家都是江湖人。你要手段收集别人的信息,你也会成为别人收集信息的工具。初次谈判,尤其是没有做过背景调查的陌生拜访,是不是初次见面就像竹筒子倒豆子,把自己家底都掏出来给人家看?原因5和原因9当属此列。建材经销商的谈判不是一蹴而就的,即使从谈判策略上看,也应该层层递进。所以,初次谈判,尤其是没有做过背景调查的经销商,即使表现出了非常强烈的合作意愿,你也应该说:"非常感谢您对我们的产品有着浓厚的兴趣,至于您提到的最优价格和市场支持的计划,像您这样的客户,一来我要向公司领导申请,二来我要根据您的情况,做一份量身订制的专项计划,这需要我对您有更多的了解。所以,我希望听听您对市场的操作计划,也好在订制计划时对症下药。"通过这样的话语权转换,改变自己只说不听的劣势;同时在第二次谈判来临之前,仔细看看客户的背景资料。

三、没有调查就没有发言权

凡是在初次谈判中,涉及自己不熟悉或者不清楚的话题,不要因为一时兴起就信口开河。原因12属于此类。

经销商可能会说:"你们的产品定位和质量是不错,但是××品牌所有产品都无条件退换货,我没有后顾之忧。"

有些销售人员一听，觉得不符合行业的通行规则，感觉经销商是在诈自己："不可能，赵总，××品牌一定是忽悠您。"

结果经销商自己做的就是这个牌子，店里的几次退货都给退了。你一棍子打死所有人，经销商肯定认为你不了解市场。经销商提出这类问题，也许只是想比较一下，不一定要求你也给他这样的政策。所以，遇到这样的场景，笑而不语，一笑了之，反而是更合适的应对方法。

四、杂于利而务可信，杂于害而患可解

销售人员谈判栽跟头。因为谈判顺利，得意而忘形的也比较常见。

有一个销售人员跳槽后，拿着新品牌去找原来的客户。因为和原来客户的关系比较好，经销商也认可他，所以两个人聊得比较随便。这时，经销商的主管过来，向经销商请示建材市场准备成立一个"金牌商户委员会"，推选经销商的门店为理事长单位，问经销商要不要参加？经销商征询销售人员的意见，销售人员未加思索，张口就说："这种商户委员会其实就是建材市场拉大户的手段，不光套牢你，还顺便向你们收钱。其实只要有销量，做不做理事长单位无所谓。"

经销商笑而不语，那个主管脸一沉，转身走了。

后来，经销商明明已经答应进货，但是每次那个主管在仓库调配、货款转账上都是一拖再拖。一打听，如果经销商答应做"金牌商户委员会"的理事长单位，经销商事情多，肯定不会做理事长，会让主管挂一个虚名，这个主管也正有此意。销售人员"直陈利弊"的说法不正是挡人官路吗？经销商变脸的原因10，大家可以去回味回味。

第三章

经销商维护,就是"两口子过日子"

第三章

经销商维护，就是"两口子过日子"

厂商关系经常被比喻成多种关系，鱼水关系、兄弟关系、战略联盟关系、对立统一关系等，无论哪一种关系，本质上都是利益关系。没有利益，走不到一起；但是只有利益，也很难长久。

所以，经销商维护更像"两口子过日子"，既要放下心，也要睁一只眼闭一只眼，大事不糊涂、小事不计较。

第一节　怎样才算有效的经销商拜访

好搜百科对"有效"的解释是能够实现预期目的的。在业务管理中，有效经销商拜访自然也不会脱离"实现预期目的"这个核心标准。

由于业务拜访的事务性，周而复始的长期性都容易使拜访工作变得枯燥无味，经销商拜访沦为一种形式，这在很多公司成为公开的秘密。有些销售人员拜访经销商，不是十天半个月见不到人，就是有事没事往经销商店里跑，有时候出去逛街累了，路过经销商门店，也会把经销商的店当作歇脚的地。客情关系看似融洽了，经销商私下里微词颇多：你们的销售人员其实来不来都一样，每次来了也解决不了问题，我们还要招待他。

销售人员在区域市场到底有没有用，这个问题其实不用讨论，中国几千万的销售人员，每年给市场带来的增值价值部分至少都是千亿级的市场。为什么有些经销商认为销售人员没有用呢？一个核心问题就是某些销售人员在常年的业务拜访中，没有培养良好的习惯、没有注重细节，一些不规范的拜访行为抹杀了销售人员在日常拜访中的功绩。

虽然经销商评判拜访好坏的标准和厂家存在差别，但从最终效果来看，帮助经销商搞定销售、形成出货的目的却是一致的。

在业务团队管理中，一次业务拜访是否有效自然也围绕出货这个主要目标，简而化之就是"抢钱抢人"，具体一点、形象一点就是"见到负责人，找到生意机会"。

一、见到负责人

见到负责人主要指见到能够决定生意的关键人，主要包括老板和核心店长。那些到店内走一圈，连负责人都没见到的拜访，多半是走马观花式的"扰民"。见不到负责人的走访，主要有两个原因：一是事前没有预约、没有计划，负责人也不会安排时间驻店守候，谈问题改进、进货打款自然也无人拍板，拜访自然无功而返。二是经销商认为品牌或者厂家不重要，不会特意安排时间见销售人员，这种情况下，销售人员所代表的品牌更危险，改不改善现状、进不进货，决定权都在经销商手里，销售人员去不去都一样。

要见到负责人，尤其是比较重要的事情，关键从提前预约开始。拜访一定要与核心关键人进行电话预约，一来表示尊重对方的时间和精力，二来确定时间和地点。这里要注意两个问题：一是由于负责人随机事务的不确定性，可能约好了时间，销售人员到店后，发现负责人没在店里。简单了解后，知道负责人一时半会回不来，销售人员就没有必要在店内久待，简单寒暄后，打电话给负责人，拜别和简单预约下次见面的时间。除非是负责人一再要求你等一会儿，免得让人家觉得你是闲人，也让负责人因为这次没有守约，在下次面对你的预约时降低爽约的概率。二是有些经销商对业务拜访不重视，或者想给销售人员一个下马威。预约时说没时间或有事，或者说自己什么时间在哪个朋友那儿，要求去那找他。这种情况下，菜鸟销售人员一般会满口答应，为自己好不容易约了一个大经销商激动不已。其实正确的做法应该是拒绝，再约时间。记住，没有时间在办公室谈的公事，在其他地方肯定也谈不成。

二、找到生意机会

这个标准包含两个层面的意思：一是业务拜访终归要落到真金白银上；二是业务拜访以找到生意机会为原则。收到现金是体现销售人员能力和价值的工作，我们常说收不到现金的销售人员是没有尊严的销售人员，一切业务拜访的价值最后还是要用钱来衡量。你为了见到负责人，做了那么多铺垫、费了那么多口水、花了那么多精力，最后这些工作成果能不能变现都围绕现金这条主线转，销售人员的脑子必须要有这根弦。所谓找到生意机会，是指发现店内提升代表品牌销量的机会，比如，通过盘点发现某个型号产品缺货并督促经销商下单回款；帮助经销商执行某场具体活动提升销量和返单；月尾的催款进货协调沟通，甚至威逼利诱。

有人说，去经销商那儿拜访，不一定每次都能见到负责人或者要到回款，但是前期的铺垫型工作必不可少，二者是因果关系。如果用这个标准作为衡量有效拜访的标尺，工作就没法开展了。

需要说明的是，我们在经销商的拜访管理中，将拜访分为有效拜访和事务拜访，有效拜访直指结果，事务拜访则偏重过程。但是有效拜访和事务拜访次数的比重，将是衡量一个销售人员业务水准的指标之一。一个一年到头事务拜访次数偏高，却迟迟拿不到订单的销售人员能算好的销售人员吗？

虽然隔行如隔山，销售人员千人千面，但有效拜访的业务标准大同小异。业务人员只要脑子里有"有效"二字，无论是在业务计划阶段，还是在业务拜访阶段，甚至是业务总结阶段，都将言之有物、意有所指。

第二节　业务拜访，一眼发现问题的 16 项扫描

康师傅冰红茶"再来一瓶"的促销活动，由于操作简单，终端参与度高，一度成为快消品行业促销的模板。在湖南，吃槟榔的人有经验，当××槟榔品牌举办类似的"再来一包"的促销活动时，如果你在哪个门店买到了"再来一包"的槟榔，最佳选择应该是立刻在同一门店、挨着中奖槟榔的位置再兑换一包。兑换的这包槟榔，再次中奖概率非常高。结果是，你花了一包的钱，连买带兑奖拿走了五六包。为什么？

熟悉槟榔企业生产线员工操作习惯的就知道，奖券的投放、封包是一线的生产线工人，他们没有尽量均匀投放，确保投放效果的营销意识。所以，企划部门根据中奖概率，印刷好大致比例的奖券后，"再来一包"的中奖券和"谢谢品尝"的非中奖券是分开送到工厂的，为图操作方便，中奖券的投放和封包其实是由同一组员工完成的，非中奖券的投放和封包是由另一组员工完成的，中奖券的槟榔极有可能是扎堆打包的。当一包中奖时，紧挨着的槟榔也极可能是中奖包。

当我们对对手的行为有准确的预判时，就能选择合适的方式应对，这个道理应用在经销商管理上也是如此。如果我们能预判经销商的行为，逻辑上，我们就能更轻松地管理经销商。

预判的前提是经验的积累和细致的观察，我再给大家讲一个例子说明经验和观察的重要性。

有一次我去参加一个销售额10亿元左右的企业年会，当时正赶上经济高速增长的好年景，所以会议是在当地最大的五星级酒店举行的。我和朋友下了飞机，司机在机场接了我们直接赶往酒店。我完全理解司机作为公司一分子的那份荣誉感。所以，一路上，司机跟我们说这次会议规模如何庞大、酒店如何豪华、嘉宾队伍里有哪些明星时，我很配合地做了一个听众。

等我们快到酒店的时候，发现马路基本被堵死了。远远看去，酒店的路边、人行道上都停满了车，确实是一副生意很火的样子。我们的车用了大约30分钟才走了2公里，好不容易来到酒店外围的车道，只见路面只有一个很小的停车场，而且已经停满了车，我们的车根本停不进去。当时我们带的行李比较多，考虑到下车不太方便，我就跟司机说："师傅，要不您把我们放到地下停车场吧，我们自己上去。"

司机一听，满脸歉意地说："老师，这家酒店没有地下停车场，只有地上这一小块停车场，您看能不能在这里下车，实在走不动了。"

没有办法，我和朋友只能连拖带拽地拿着行李就近下车。我们左手拖着箱子、右手拎着包，背上还背着一个双肩包，狼狈不堪地在车流中行走，好在企业有人过来接应，住进酒店才不至于太过狼狈。

朋友问我："酒店怎么可能没有地下停车场？"我说："完全有可能，因为这家酒店是20世纪的烂尾楼改造的。"朋友不相信，因为我们都是第一次来这个城市，这么豪华的装修怎么可能是烂尾楼。我说：

"你不信，可以去问问周围的小店店主。"

朋友不信，偏要和我打赌，结果我赢了一顿宵夜。

我为什么会说这是一个烂尾楼改造的？2000年以后，如果是新建的五星级酒店，一定会有地下停车场的规划，不然城市用地规划都过不了关。只有2000年以前的酒店楼盘，由于当时汽车保有量没有达到今天这个体量，建筑规划上才不会将停车场作为一个标配。一个新开张不超过两年、没有地下停车场的五星级酒店，不是烂尾楼改造的又会是什么？

这也是我们常说的通过表象来发现问题。在日常的经销商拜访中，我们也需要通过查看经销商的"衣食住行"的细微变化尽早发现问题，防微杜渐，解决问题。

一、衣

（一）门头、店招、包柱等主要广宣区是否发生变化

如果你进行正常的业务拜访，突然发现两米多高的门头上，喷绘布被戳了一个大洞，你认为是什么造成的？有人说，这点小事能有什么影响？我告诉你，任何有经验的销售人员在做门店拜访时，为了争取拿下门头，一旦店老板稍有意向更换门头，就会想尽一切办法把原门头破坏掉，避免经销商后悔，不愿意更换门头。

（二）窗口产品展示数量的变化、竞品品牌的变化、展示位置的变化

做日常的经销商维护，如何发现竞争对手拜访过经销商？最简单的方法是，看经销商的茶几下、办公室的案头有没有新增其他品牌的产品

说明书,尤其是同质化产品的竞品品牌。

(三) 导购人员、收银人员的服装变化

平时去拜访,导购人员和收银人员都是便装,这次去都换成正装了,说明建材行业经销商开始在导购形象上投费用了。一是说明了经销商具备了一定的实力;二是人家开始做渠道品牌。这类经销商的后期管理,绝不是你给仨瓜俩枣就能搞定的了。

(四) 助销物料、促销物料的变化

助销、促销物料就不多说了,只是提醒一句,日常业务拜访要摸清经销商存放物料的具体位置。每次去拜访的时候都去看看,如果哪次拜访的时候看不到物料了,你就要小心了。

二、食

(一) 窗口产品的库存数量

建材产品品类、规格、型号较多,导致在仓库管理上 SKU 数目相当多,CRM 等 IT 系统的发展又迟迟未有大的突破,销售人员每次去拜访的时候,要求全面盘库不太现实,所以才会有窗口产品一说。这就要求企业在众多的 SKU 中挑选出关键的产品作为日常拜访必查的品类,以偏概全,一孔之见。

(二) 本品和主要竞品库存的面积占比

销售人员去仓库看什么?我认为建材行业最重要的是看自己的品牌

库存面积占经销商总库存面积的比例,然后将这个比例和自己的销售额占经销商总体销售额的比例这个数据比较。前者大于后者,说明经销商在仓库投入上倾向于我们。

(三)有没有新晋品牌或者新货入库

一般来说,经销商要引进新品、新品类,仓库都会做一定的调整,即使是小品牌、新品类的引进,也会涉及仓库的调整。所以,销售人员看仓库,一看整体上仓库有没有大的变化;二要重点查看拐角、墙角处,很多新品牌刚刚入库,还没来得及输入系统,会临时堆放在墙角等地,查看这些地方,也是及早知道竞品信息的途径。

(四)呆滞品的鲜度

一个仓库里或多或少都会有些呆滞品。销售人员去看仓库,一是要看看自己的产品、近效期产品的生产日期,叮嘱经销商注意;二是要看看竞品最近的生产日期和最远的生产日期,比较本品与竞品的动销情况。

三、住

(一)办公室、仓库、门店的位置、面积变化

事前毫无消息,这次去拜访经销商,经销商告诉你他新开了一家店,这是好事还是坏事?做建材的人都知道,这肯定是坏事,因为经销商开新店一定是接了某个主推的新品牌。关注经销商办公室、仓库、门店的位置变化,其实有点后知后觉了。

(二）发货物流和快递公司的变化

与经销商合作的物流公司变了，你觉得会有什么问题？曾经有一个经销商因为采用货款物流代收方式，结果物流跑路了，一个多月的货款没有收回来，还赶上旺季，资金链差点断了。

(三）员工、经销商的住房变化

经销商员工福利从住房补助改为集体宿舍，你觉得经销商为什么这么做？有人说是成本考虑，有人说是为了管理方便，还有一种可能是经销商的员工招聘很可能要以外地人为主，去本地化。

(四）经销商常驻地的变化

太原的经销商突然告诉你，这段时间会在太原、呼和浩特两地跑，让你有事直接找他的操盘手。你觉得经销商为什么这样做？不是为利，就是为情。要么是为了某个工程做关系，要么是家事缠身。

四、行

（一）配送车辆及工具的变化

经销商突然多了两台新长安五十铃，专门配送外围市场，你觉得这车是经销商花钱购置的吗？在建材行业，新老品牌为了绑定经销商，经销商进货赠送货车的活动屡见不鲜，经销商突然多了两辆配送车，你得赶快去他的仓库看看。

（二）配送路线的变化

如果你经常接到某个零售网点送货不及时的投诉，但是一查经销商的送货车每次都经过那个零售门店，为什么会这样？后来一查，那个门店位于单行道上，配送车按最经济的配送路线规划后，走到那个路口正好是逆行了。所以，配送司机多半会偷懒，一脚油门就过去了。

（三）跟车司机及人员的变化

平常跟车的司机今天突然换人了，得查查是不是经销商的亲戚过来独当一面了。

（四）经销商座驾的变化

经销商告诉你他买了一辆180万元的路虎极光，要带你去兜风。我认为，这段时间你要好好盯着经销商的钱袋子，能先压点货就先压点货吧。

第三节　业务拜访，如何让经销商重视你

作为销售人员，你们认为自己在经销商的心目中是什么形象？

有的销售人员说："我在经销商面前就像大爷，我让他往东，他不敢往西；我让他往西，他不敢往东。不然，我不和他合作，他上哪儿去找咱们这么大的品牌？"这样的销售人员有品牌企业背书，在经销商面前可以横，经销商为了经销权忍气吞声。其实在经销商心里，想法也不

过如此:"要不是看在××品牌的份上,你算什么。"经销商与你打交道,阳奉阴违自然少不了,落井下石的事儿自然也不会少干。

有的销售人员说:"咱们品牌太小,现在稍大一点的经销商都挺牛,让他们进点货太不容易了。"显然,销售人员在经销商面前的地位高低依靠品牌的大小。品牌大,销售人员就横;品牌小,经销商就横。用这种心态做销售是误区,也是死结。

经销商不重视你背后的品牌,有三个原因:一是你不重要;二是你所代表的品牌不重要;三是这个生意不重要。这三个"不重要"细分起来,第一个"不重要"完全受销售人员控制;第二个"不重要"部分取决于销售行为;第三个"不重要"与销售行为只有极少的关系。

经销商觉得这个生意重不重要,在于这个经销生意是不是他的身价所在。如果你找的这个经销商本身就在兼职创业,或者有些经销商心思根本就不在生意上,你希望他重视你,每次去拜访能见得到老板自然难上加难。在选择经销商的时候,我们前面讲到的四个容易忽略的背景调研,就是防止出现经销商认为这个生意不重要的措施。

经销商认为你代表的品牌不重要,除了公司品牌的含金量,与你的言谈举止不像一个品牌公司的销售人员也有很大关系。不是说你穿西装、打领带,然后说话的时候夹杂英文就像品牌公司的人了。你若真这样,经销商要么认为你瞧不起他,认为你看不起他读书少;要么他瞧不起你,把你当猴儿耍。所谓"像一个品牌公司的销售人员"其实就是差异化,别人不敢直说的话你直说,别人不愿干的事儿,你干得比谁都痛快。

经销商觉得你这个人不重要才是最麻烦的。很多经销商看不起销售人员,不是因为品牌不行,而是认为你这个人不行。所以,要让经销商重视你背后的品牌,根子上要让经销商重视你这个人。

有人说:"经销商不重视我是因为我人微言轻,我们的领导来了,经销商说话就客气多了。所以,我升职了,经销商自然会高看我一眼。"如果让经销商重视你这么简单,公司给每个销售人员的名片抬头上印上"亚太区总裁"就行了,还不增加任何成本。公司不值钱,你就越发不值钱。所以,经销商尊不尊重你和你的抬头关系不大,和你的品行关系挺大。经销商之所以和你们领导说话客气,可能因为和你们领导平时接触不多、了解不深,客气也在情理之中。

如何才能让经销商重视你这个人呢?要让经销商把你当回事儿,你就得显得和其他销售人员不一样。一般的销售人员喜欢说讨喜的话、讨好的话、奉承的话,不太愿意在触及底线时撂狠话。销售人员一般喜欢和经销商坐在店里吹牛,不喜欢跑到市场,带着经销商和经销商的人扎扎实实地把事情做好。

无论是大品牌还是小品牌,经销商都喜欢扎扎实实做事的销售人员,都喜欢和做事有底线、有原则的销售人员打交道,即使有时候维护原则和底线会让经销商的非分之想不能得逞。但事后,绝大多数经销商更放心与你合作。因为你是一个有底线、有原则的人,不可能干出丧尽天良的事情。

一、如何撂狠话

撂狠话一定是在触及底线和原则的时候,表态的时间越早,越能够对经销商形成震慑。当然,首先要明白什么是底线和原则。经销商在哪方面最有心理优势?钱,他比你钱多,这是他最有心理优势的地方。所以,经销商拖销售人员下水,99%都是用小钱套大钱。经销商也认为你经不住钱的诱惑,要你帮着干坏事,一定是用钱来打动你,而且他还会打心眼儿里看不起你。在职场,一定要知道什么钱是可以赚的,什么钱是不可以赚的。我总结出来的经验是,凡是工资收入以外的收益都不要去碰。

比如，经销商告诉你："你们公司的户外广告审核流程比较松，现在市场需要投广告，我有广告公司的朋友，做广告大概需要 8 万元，你给公司报价 15 万元，我的广告公司的朋友负责开票，多出来的 7 万元咱们平分，怎么样？"

这批促销品有几十台 IPAD mini，经销商私下找你商量："不如我们截留 10 台，然后报假资料，我有苹果专卖店的路子，10 台 IPAD mini 换成现金平分怎么样？"

撂狠话也要遵循"稳、准、狠"的原则，回复的标准格式如下：

"×总，我知道，3.5 万元对您来说可能是小钱，但是对我来说是一笔不小的收入（稳：承认钱对自己的诱惑，这是人性，也让拖你下水的经销商不至于太难堪，四平八稳）。但是如果我今天拿了这笔钱，我会觉得这钱来得比工资又快又多，一旦尝到了这个甜头就陷进去了。我很可能就没有心思踏踏实实地做市场了，对我个人来说是荒废时间，对您来说是荒废市场（准：之所以不能做，是因为损害你我的根本利益，击准要害）。更何况，您如果想靠这个赚点钱，我们就丧失了合作基础（狠：说明这件事情的危害，撂狠话）。"

"赵总，我知道 IPAD mini 是好东西，我也想要一台（稳：承认利益的诱惑，四平八稳）。但是，如果我们今天截留了 IPAD mini，明天就可以截留 IMAC，后天还可能截留现金，这比我辛辛苦苦上班赚钱容易多了，您说我还有什么心思做'我们'这个市场呢（准：做这件事根本上是害了你的市场，击准要害）？更何况，您如果只是想赚这点小钱的人，我们就丧失了合作基础（狠：说明利害关系，撂狠话）。"

撂狠话什么时候最有用？品牌比较小、经销商不太重视你、厂商关系偏紧张的时候，而且商家越大、厂家越小，效果越明显。

二、如何一个问题一个问题解决

要成为一名解决问题的销售人员,你得先有一个工具——能够记事的小笔记本。在这个本子的首页上写下"经销商大事儿备忘录"九个大字。今后凡是经销商提出的问题,你都把它写下来,一页列一个问题,问题提出的时间写在页眉上,然后每一行变成"第一次回复""第二次回复"……在第几次回复的时候,经销商满意了,你就在第几次回复的最后画一个笑脸。

当问题记在本子上后,每天走访完市场都要翻一下,看看哪些问题还需要继续跟进。每次和经销商聊天的时候,你都要把本子拿出来,翻到这个经销商提到的问题,并把这个问题复述一遍,再给出本次的回复意见,确认经销商对结果的满意程度再记录。

当经销商对回复有异议、需要再回复时,记得尽量将下次回复的时间明确告诉经销商。比如,"您的意见我已经记下来了,这个周末我把你的情况拿到销售例会上讨论,下周一中午 12 点前,我一定给您一个具体回复。"如果当时无法确认回复时间,可以说:"您的意见我已经记下来了,您的情况比较特殊,我需要先向公司请示,下次过来做例行拜访的时候应该会有结果;如果没有结果,我也会告之您。"

什么事就怕认真。当你把经销商的任何事都当作自己的事办的时候,无论你是大品牌还是小品牌,经销商一定认你这个人,这才是享之不尽的财富。

第四节 经销商把品牌当"备胎","备胎"如何转正

客大欺主的道理,经销商不是不懂。一家独大,或者全部身价压在一个品牌上,对于有着丰富江湖经验的经销商来说,这绝不是一个好事情。所以,经销商或多或少都需要"磨刀石"式的品牌,既让"正室品牌"不至于一言不合就上房揭瓦,也不会让"黄金配角"反客为主,让自己的利益受损。

这就是在经销商管理中经常遇到的行业老二干不过行业老大,又不得不在一口锅里(同一个经销商)吃饭的难题。行业老大春秋正盛,在经销商面前呼风唤雨,行业老二虽也是倾国倾城之貌,但怎奈娘家势弱、家境一般,不时要遭受老大的排挤和刁难。

这种情况很多。很多大的耐用消费品企业,通过各种非正式渠道,明令禁止自己的经销商经销主要竞品,对于不听话的经销商,偶尔也会找其他理由"杀一儆百,以儆效尤"。经销商为什么在这样的高压之下,还是一有机会就会引进新的竞争品牌?一是厂家至少不敢明目张胆地对付他,真要闹翻了,经销商还占理儿;二是经销商也需要"备胎"。

正因为如此,寄人篱下的老二既鲜有登堂入室的机会,又不得不作为经销商手里的一张制衡老大的底牌,引而不发。在这些有影响力的经销商手里,销量不会太难堪,但也别想有大突破,找经销商要销售承诺,甚至签订销售合同,人家推三阻四。即使签了合同,经销商不兑现,你又能怎么办。"剁"掉经销商,再换一个?你的市场又浪费了一

年的时间。

对于有一定的品牌基础，但是被经销商当成"备胎"的品牌，如何调动经销商的主推意愿，从幕后走向前台？从根子上说，就是让经销商相信，你的产品不但有利润空间，而且你是一匹呼之欲出的黑马。在实际操作中，我把这个步骤分为七步：

第一步，行业老二品牌进入新市场，用得最错的招儿是独家经销。建材工程类产品，由于很多工程资源集中在几个特定的经销商手中，不搞定这几个经销商，品牌很难起量。所以，你刚进入新市场找经销商，越有资源的经销商越牛、销量越大的经销商越牛，被经销商吓一吓，似乎不让做独家，自己的品牌就没出路了。结果，你签了独家经销协议，满怀希望地等着年底取得胜利的果实，结果现实给了你一记无情的耳光。第二年，你再去开发新的经销商，老经销商也没意见了，也坦然接受了，这时你才恍然大悟，原来这个市场也并非非独家不做。

对于行业老二进入新市场，大策略上，开发独家经销商是最大的风险。尤其是针对经营主要竞品的经销商，无论这个经销商在当地有多大的实力，他也可能没打算完成任务。销售任务签得再高，对他来说也不过是一纸空文。

所以，行业老二品牌进入新市场的第一个大策略就是不做独家。别相信签订的任务合同，多头出击，你是经销商的"备胎"，自己也要多找几个经销商做"备胎"。

第二步，行业老大的渠道利润比较透明，制度比较完备，推行产品比较轻松；行业老二渠道利润较高，但有些销售支持跟不上，经销商推行产品比较费劲。所以，"老大品牌"人人都在卖，但人人都赚得不多。很多人认为可以和老大打价格战，这又是一步错招，因为一旦让老大醒过来，自己可能还真得挨一顿猛揍。所以，找出行业老大最令人不满意的地方后，进行侧面进攻。比如，可以是打价格的主意，但不是打价格战的主意。

第三步，因为签了多个经销商，可能人人都在观望，人人都把你当"备胎"。首先，经销商需要"备胎"。其次，经销商最怕"备胎"万一成为黑马，买中头马的那个人不是自己。

你能不能把所有经销商当"备胎"？当然不行，你得在里面找最厉害的经销商。这里有两个特点：一是竞品在这个经销商的销售额占比相对其他经销商较小；二是符合第一个条件的经销商中，销售体量居中，最好还和主要竞品有点小恩怨。这个经销商如果选得好，事半功倍；选不好，你先把底牌亮给人家，结果适得其反。

你要做的第一件事就是用最高的频率拜访这个经销商，频率要远远高于其他经销商，而且要让其他经销商看到、听到，最好还要让其他经销商见到你就问："你怎么天天往赵总那儿跑？"

这时你要说一句让其他经销商刻骨铭心的话："没事。我跟赵总打了一个赌，赌赵总今年只要用心推我们的产品，每月销售额肯定是××品牌的一半以上，而且利润大幅提升。如果达标，明年我免费给他家做长工。我现在天天盯着他家的库存呢。"

其他经销商一定记住这件事了，还会想你怎么不往我家多跑跑？人都有见好处就揽，见坏事就躲的毛病，下次你再往其他经销商那儿跑，人家至少不太烦你了。

第四步，形成这种拜访反差印象以后，你还真得帮助被扶持的经销商把销量做起来。经销商不主推，针对所有经销商设立主推奖励。做零售的可以采用"神秘访客"抽检，做工程的可以用设计上图核销，不以达成销售结果为依据，成不成都给单次奖励，这时经销商至少有了主推的动力，市场的见面率自然提高了。

没有老大品牌财大气粗，可以将资源集中在一个客户身上，形成局部优势。较高的市场见面率也能帮助被扶持客户提升拓展信心。接下来就是仅对被扶持客户设立销售相对占比奖励。什么叫相对占比奖励？耐用消费品，商家的推荐至关重要，如果这个客户去年销售主要竞品1000万元，可以以此设定一个提点基数，如50%。只要今年每月、每季或者年度销售额超过竞品实际销售额的50%，也就是不管我们或者竞争对手销售多少，只要我们的销售额占竞争对手的50%以上，就会在竞争对手去年销售额的一半，或者本品的实际出货额中采取"就大不就小"的原则，作为提点基数，给经销商翻倍奖励，占比越高，奖励越大（奖励大小看企业的资源情况）。这样可以压缩竞品的生存空间；即使经销商由于竞品收益减少，也能从本品收益增多中弥补，给客户提供了一个兜底机制。本身品牌老二的渠道利润就比品牌老大高，只是市场知名度不如对方，单个客户为提高本品销售额占比会全力以赴地推荐。

由于这个政策只限典型客户，一旦经销商将此方案泄露给第三人，这个政策就宣告失效。这样做，一是要让典型客户珍视这个政策；二是防止政策泄露后，其他经销商坐地起价；三是防止竞争对手开展针对性的报复打击。市场正常运作期间，整体价格不会乱，竞争对手也很难查出真实底价，由于政策一定是在年底兑现，可以确保在相对时间内，市面价格高举高打，个别客户的实际价格却灵活机动。

第五步，将这个典型客户每月与竞争对手销售占比的比较数据和其他客户的比较数据，做成表格定期发送给所有客户。让所有客户都见证，你天天拜访的那个客户，本品与竞品的销售对比数据发生着明显变化（记住，这张表只有销售占比，不写具体销售额，要保护经销商隐私）。这时，经销商至少知道，你经常拜访的客户还真有点不一样了。坚持一年，本品和竞品占比的对比数据就会深深地嵌在他们的脑海里，如果真有替换价值的新品牌自然就有了机会。

有人会说："你选经销商竞品的去年数据作为奖励基数，经销商会不会故意掺水?"当然有可能。第一,你要想办法让经销商自己证明去年的销售数据,因为涉及他的返利基数,你说这是公司核销的附件,只要他愿意合作,肯定会给的。第二,在问这个数据之前得告诉他,你准备找一个竞品销售体量最小的经销商做一些特殊支持,如果他有兴趣,报给你的数据会偏低,但接近真实数据。

也有人说:"你让经销商自己报本品与竞品相对占比,被扶持经销商为了拿到更多的返利,会不会造假?"肯定会。但你的目的是用树典型的方式让其他经销商相信,这个产品真能卖;典型经销商为了自己的小利做了你的道具,他还不敢跟别人说,何况你手上还有审核权,这笔账划算。为了减少心理负担,他肯定会尽量提高本品的销售额,甚至压制竞品,主推本品。

第六步,天天去各个经销商那里煽风点火。

"赵总上个月相对占比数据又提高了5个点。"

"听说赵总这个月又接了一个大项目。"

……

要在各个经销商面前透漏赵总的销售形势一片大好。

第七步,这样做了之后,可能10个经销商有5个动心、3个还是观望、2个依然是无所谓的样子。你是不是要想办法把那两个经销商争取过来?我认为,做销售没有什么是非此不可的,如果真有,也只能是谋事在人,成事在天。接下来能做的就是将不愿意入局的经销商淘汰掉,再补充新的"血液"。用一轮一轮的淘汰,将合适的经销商留住,形成主推文化。

销售是一个苦命的活儿,很多企业不会给销售人员太多的时间。老二要摆脱"备胎"的身份,时间和时机都很重要。仅仅以销售额为指导,去年300万元,今年上半年就要2000万元,这是赤裸裸地逼销售人员去冲货和压货。

第五节 看懂人性，经销商的抱怨这样处理

举一个不恰当的例子，厂家对经销商提供的服务如果十全十美、无可挑剔，经销商会不会对厂家毫无怨言，见到厂家的销售人员就把品牌夸得像花儿一样？我估计厂家和销售人员都不会抱有这样的奢望。

销售人员遇到经销商抱怨这、抱怨那，实在是太正常了。销售人员要管好经销商，不会正确处理经销商的抱怨，最后一定是搬起石头砸自己的脚，给自己添堵。

期末考试刚刚结束，儿子开始向你抱怨家里的闹钟不准时，这时，你是不是第一时间去看看那个闹钟是否真有问题？有经验的老爸都知道，估计儿子这次考砸了，儿子的抱怨是在做结果（分数不理想的结果）铺垫，和闹钟准不准时基本没什么关系。所以，处理抱怨，先要弄清是真抱怨还是假抱怨。

一、如何分清真假抱怨

（一）抱怨的节点

假抱怨的特点是，在月末的关键节点，经销商的抱怨激增。经销商抱怨的目的无外乎事情弄砸了，责任不在他身上；或者是要想做好这件事，还得再加大支持力度。

所以，辨别真假抱怨，先看抱怨节点，如果是你给经销商宣布利坏消息的节点，或者是你给经销商提出任务要求的节点，经销商抱怨就要

掂量掂量了。比如，促销检查考核未通过，促销返利被削减时，经销商抱怨公司物料发得太迟；签订年度任务时，经销商说新品上市太慢。

（二）抱怨的语言模式

假抱怨最大的特点是，指出的问题多是泛化的问题，而不是某一时间点、某一个具体的问题。比如，经销商抱怨 2016 版的专卖店装修方案中看不中用。你们觉得这是一个真抱怨还是一个假抱怨？

首先，这是一个泛化的问题，若要确认经销商是真把它当一个问题看，还是仅仅抱怨一下，你还得追问一句："在门店装修方面您也算是专家了，您说我们这个门店装修方案中看不中用，哪个地方让您有这种感觉，指出来让我学习一下。"如果经销商依然是泛泛而谈："我就感觉不舒服，没有去年的方案好。"基本可以判定这是一个假抱怨。

如果经销商能够以某个具体场景为例，细化问题，指出"专卖店装修方案中看不中用"，则应该看作是一个真抱怨。比如，"你看你们设计的中岛，将近 3 平方米。底座这么大，全是封闭的木架子，上面只能放几个产品，地方倒占了不少，为什么不把中岛做成抽屉式的，至少店内的储物空间可以增大。"

（三）以进为退的刺激模式

经销商有时候也会利用真问题做假抱怨。比如，公司发货时出现库存不足、订单不全的现象，下了 5 万元的订单，由于品类不全，这张订单实际只发了 3.5 万元。经销商当月任务 20 万元，结果只完成 8 万元，返利没拿到。经销商开始抱怨："你们公司要什么货没什么货，还要扣我的返利。""赵总，我承认我们公司确实在发货上存在问题，但是您的订单和回款也没有达到 20 万元。是不是给您解决这个问题，您就一定能完成任务？这样吧，我去给您做一个特殊申请，下个月任务 25 万元,如果您能把这个月 12 万元的缺口补上,也就是下个月完成 37 万元,您的返利两个月捆绑,一并给您返。我亲自去盯货,不会因为发货问题导致您不能完成任务,行不行?"

这种以进为退的刺激,经销商如果敢接招,我们就可以认为这是一个真抱怨,如果经销商一笑了之,说明他只是想借题发挥而已。

(四) 征询经销商的解决方案

如何判断真假抱怨,第四个方法是询问经销商的解决方案,看经销商解决方案的结果指向。经销商的解决方案主要集中在要资源、推责任上,假抱怨的概率就高;如果解决方案集中在行动策略上,真抱怨的概率就高,至少经销商在这个问题上经过深思熟虑。

"赵总,我们也在考虑如何解决新品上市慢的问题,我能听听您的意见吗?"

"新品上市快慢是你们的问题,我只是觉得太慢了。"在涉及解决方案时,经销商如果是一副事不关己、高高挂起的样子,至少说明这个问题对经销商不够紧迫,他只是需要用一个问题给你压力。

二、真抱怨如何处理

对待真抱怨的处理方式分两种:一种是解决抱怨背后的问题;另一种是让经销商释放抱怨,而不在于解决问题。

第一种处理方式大家好理解,第二种处理方式,有人会有疑问,什么叫不在于解决问题?因为有些问题确实存在,但是远远超出企业资源范畴,经销商自己也知道这种要求不现实。比如,经销商抱怨企业和当地政府关系一般,不如某某品牌和当地政府的关系好,无助于他在当地

第三章
经销商维护，就是"两口子过日子"

的政府工程中承揽项目。

对于经销商抱怨背后的问题，在处理技巧上，要依据三个原则，我们把它称为"三换"：换对象、换地点、换时间。通过"换"的方式，化解具体场景下的尴尬。

换对象："赵总，您别这么容易上火。您反映小区推广费用补贴标准偏低，我知道您是在脚踏实地执行公司的政策。关于提高费用标准，这个星期五，我们的主管要做例行的市场巡访，您准备好资料，到时候您好好和我们主管谈谈。"

换地点："赵总，您别这么容易上火。我这次刚从县里回来，具体情况还真不了解。今天晚上我请你吃饭，咱们看怎么解决合适。"

换时间："赵总，您别这么容易上火。今天这个问题我真回答不了您，但是我把这个问题记录下来了，下个星期一过来拜访您的时候，我一定给您一个明确的回复。"

那么对于真抱怨而又不能解决的问题怎么办？处理技巧依然有三个：记录、微笑、赞赏局部建议。

记录：我一直强调，销售人员做拜访，无论科技水平发展到什么地步，都要准备一个小本子和一支笔，当我们遇到无法回答的问题、关键的问题、经销商的重大诉求时，用记录的方式，一是表达对经销商的尊重，二是笔记本也是一个很好的缓冲谈话的工具。

微笑：会笑的人运气都不会太差，笑而不语是解决无法解决问题的最高境界。

"你们公司的内部工程太少了，你看看××品牌……"

微笑……

"你们公司应该把产品品类做全，要尽可能满足消费者的需求……"

微笑……

"我做省级运营中心肯定比老王强，你看现在货缺得多严重……"

微笑……

赞赏局部建议：针对经销商的抱怨，选出其中合理的部分予以肯定。

"其实我也希望公司在我们区域市场有些内部工程，我的销售任务也可以轻松些。"

"我们家居类的产品确实还需要再丰富些。"

"老王现在配送确实是一个问题，不止您一家反映他送货不及时。"

三、假抱怨如何处理

对于假抱怨的处理，核心工作就是要找出真需求。因为假抱怨背后一定有"不可告人"的目的，如果不找到真需求并适当化解，假抱怨也会变成真抱怨。

假抱怨处理的技巧有两个：一是一定要让经销商亲口说需求；二是帮经销商说抱怨的话。

（一）一定要让经销商亲口说需求

经销商有需求，为什么要抱怨其他问题？一定是这个需求超出了正常政策，经销商心里知道这个需求是可望不可及，所以不好意思开口，只能用抱怨掩盖了这个需求。这种情况下，即使你知道经销商的真实需求是什么，你也不要替他说，一定要让他自己说。你替他说了，他就解脱了，你就被套牢了。如果让他亲口说，第一，他说出来之前会掂量掂量；第二，他说出来后，对于太过分的要求会有愧疚，感觉欠了你，说话也不会太大声。这时，你就容易占领主动权了。

"你们这批新品的价格太高,卖不动。"

"善卷城那边的老王,这个月新品已经是第三次进货了。我现在愁的是,公司现在的新品有点供应不上。"

"他新品卖得好,还不是因为你帮他做了一个开业活动,还不是费用砸出来的。"

"他是 A 类客户,新店开业我肯定要支持一下。"

"我新店开业,你才给了我新品进货额 0.5 个点的进货支持,我怎能卖得好?"

"那是不是这批货按老王的标准给您支持,您的新品销售就没问题了?"

"不是这批货的问题,是我的客户资质问题,下半年还有很多大活动,你把我的客户等级定低了,别说新品,其他产品也不好卖。"

"明白了,您这不才说到重点吗?"

(二)帮经销商说抱怨的话

既然是假抱怨,那就是项庄舞剑、意在沛公。经销商抱怨的话,你完全可以帮他说出来,一来可以表现同情心,降低经销商的防御心理;二来和稀泥,诱导经销商把真实需求说出来。

第六节　经销商管理,收钱才能收心

你跑到经销商的店里说:"赵总,咱们上个月没有完成任务,这个月要加油啊。"你说赵总会不会加油?

你说:"赵总,苏北的经销商投诉咱们窜货,您可千万别再窜货了，先把这次窜货的罚款交了吧。"你说赵总会不会不再窜货，还顺顺当当地把罚款交了？

你坐在赵总的茶台旁，寻思了很久，终于找了个岔口提醒赵总："赵总，咱们那个促销品的价格是不是标错了？您这个价格惹得河西那边红星建材城的消费者都在找经销商退货了。"你说赵总听了你的善意提醒会不会良心发现，马上把价格改过来？

如果你换一种说法，效果会不会不一样？"赵总，咱们上次活动没有完成销售任务，所以核销的费用要减半。"你说赵总会不会跳起来？

如果你说："赵总，苏北经销商将您的窜货条码都交到公司了，公司总部马上就要发文，您以前交的保证金将作为罚款，这个月5号之前，您不把保证金补齐就要停货了。"你说赵总会不会着急？

上下两种说法的差别在哪里？差别在于，前面光说事儿，后面老说钱。光说事，做不做，主动权在经销商；老说钱，经销商怎么做，得看企业怎么管。

我们常说收钱收心，你收不了经销商的钱，就收不了经销商的心，你收不了经销商的心，就不能让经销商围绕企业这个中心转。

怎样才能收到经销商的钱呢？所谓的钱包括市场保证金、先款后货、经销商活动费用先垫付后核销，且这个钱的收付难度从高到低排列。大企业好办，小企业麻烦；一开始就立规矩好做，半路想辙麻烦。中国企业行军打仗，走了一半发现粮草不够的事太多了，所以，销售人员能够收拾残局的能力，才是真正考验火候和定力的。

做市场推广活动，让经销商先垫付再核销，建材企业应该都能做到，毕竟只要合作，只要企业政策说清楚，经销商还是愿意先行垫付的。有些企业控制核销时间，放缓核销节奏，达到手中有钱、心中不慌的目的。

靠一点市场推广费用的核销，达到调动经销商积极性的目的，毕竟杯水车薪。我们今天着重讨论企业惯例是先货后款、不收市场保证金，在这种情况下，中小企业如何解决先款后货、从经销商手里收取市场保证金的问题。

如何把经销商从先货后款扭转为先款后货？

第一步，企业既然和经销商已经开始合作，原有模式是先货后款，这时要改，其实是经销商还欠着企业的钱。所以，第一步是先把欠账填平。公司可以发布鼓励先款后货政策，给大家一个缓冲期，在这个缓冲期内，已经享受先货后款的经销商可以继续执行"后货返前款，前款不清，后货不发"的政策。但是，先款后货经销商可以享受特价折扣，而先货后款的经销商则无政策支持。

执行要点："后货返前款"的操作要采取漏斗式发货方式，即给先货后款的经销商发货，一次比一次小，第一次10万元、第二次9万元、第三次6万元、第四次5万元……最后逐步缩小欠债额。建材行业由于型号、品类众多，经销商下单不满额发货的情况比比皆是，所以经销商也找不出什么漏洞。

第二步，缓冲期后，执行银行利率政策。即经销商的货款只要先打到公司的账户上，留存一天算一天银行利息，直到发货日截止，尽可能照顾到经销商的资金成本。为什么有经销商不愿意先打款，因为他们认为用别人的钱做生意，自己的钱可以存在银行生利息。企业通过保证经销商的钱存到银行和存到公司账户的收益是一样的，还能随时转为货款，提高经销商的打款积极性，解决经销商的现实问题。

第三步，在有条件的情况下，对新品或者是畅销品，甚至是全品，实行保质期内全额退换。经销商之所以不愿意先款后货，是因为怕厂家发货以后不管事，拍屁股走人。经销商只要先款后货，产品出现任何质量问题，厂家都保证全额退换，解决经销商的假设问题。在这个措施的执行上，前期的政策落实是关键。做一两个样板案例，在经销商中扩大宣传，让经销商看得见、摸得着，打消经销商的顾虑。

有些企业的老板不敢做政策，说的最多的一句话就是："万一这个政策一出台，经销商全面退货怎么办？"其实只要反过来想一想，是先货后款收回钱的概率大，还是经销商全面退货的概率大。想清楚了这个问题，这个政策该不该做，自然就有了结果。

通过上述三步，可以逐步将经销商先货后款的习惯扭转过来，也能在一定程度上解决企业资金流的问题。

当然，也有学员跟我说："黄老师，我们企业要是一用这些招，估计就没有人进货了。"我说："那只能说明你们企业不是营销有问题，是产品有问题。产品的问题用营销解决，不可能！"

如何从经销商手里收取保证金？

收保证金比先款后货还难。因为保证金是硬生生地将我的钱放在你那里做抵押，这笔钱不是流动资金，生不了钱。我知道有些市场保证金收取得比较好的企业，仅市场保证金这一项，常年在账上就趴着几千万元，利息都可以作为营业外收入。作为从来没有收取过市场保证金的中小企业，如何从经销商口袋里掏出这部分钱呢？

第一步，分客户、分区域，将新客户作为第一批收取的对象。

第二步，将市场秩序混乱，尤其是小客户多的地方作为突破重点。建材行业，经销商乱价现象严不严重？一是很多企业对价格管理缺乏意识；二是建材行业有"一逛二比三购买"的消费特点，很多经销商为了尽早落单，私下砸价的情况并不少见。

要想收取保证金，先得造势，这个势可以从砸价入手，挑动群众斗群众。找两个生面孔，跑到善卷城经销商的门店中说："大明宫那边的专卖店好像比这里便宜。"然后转身就走。跑到大明宫市场的店中说："善卷城那边讨价还价后，不仅价格便宜，还送赠品。"你这么做十天半个月，估计就乱套了。经销商相互电话录音、偷拍视频估计都要用

第三章
经销商维护，就是"两口子过日子"

上了。

这时，区域经理就要趁着月度、季度、年度的机会组织大家出来，先把所在区域的现状说一说，再把其他区域的大好形势讲一讲，不点名不道姓地戳戳几家的痛点，估计这会儿经销商谁都不服谁。

等到大家吵得脸红脖子粗的时候，区域经理就可以出来说话了："以前的事情，谁对谁错扯也扯不清、说也说不明，现在也很难查证了，过去的就让它过去吧，咱们既往不咎。但是，接下来咱们得立规矩，谁先砸价，咱们就集体砸他的价，让他在这个圈子里混不下去。咱们也不收多了，就一人5000元，大家一起签一个价格保护协议，只要哪家敢砸价查证属实，保证金就给其他签订协议的客户平分，行不行？这笔钱我还让办事处财务开一个收据，一旦被罚，必须补缴，不交先从停货开始处罚。"

这种手段只能对付中小客户，尤其是客户比较集中的地方，对于客户比较少的地方，尤其是大客户并不管用。

第三步，大户怎么办？能收就收，不能收就不收。在大户和大户的区域连接比较近，甚至两者的区域有交叉的地方，可以利用大户窜货的矛盾尝试收取，方法可以仿照第二步，利用砸价矛盾。

当然，有些大户因为长期窜人家的货，也不介意人家偶尔窜窜他的货，制造冲突的伎俩对他无效，怎么办？只能明说："为了维护市场秩序，公司要重新划分市场级别，你们作为大户，公司要收保证金。不交市场保证金，市场级别降低，费用补贴标准降低；交了市场保证金也不让你们白交，我会额外给你们政策，让你们这些配合的大户堤外损失堤内补。"

对于那些连命根子都抓在别人手上的大户，收不收保证金？我的建议是睁一只眼闭一只眼，等到机会成熟时候再说。

还是那句话，经销商钱在哪儿，心就在哪儿。要想收到经销商的钱，销售人员就要学会制造矛盾、利用矛盾、化解矛盾，有时候抓住了矛盾就抓住了关键。

第七节　家居建材企业通路拜访的6大重点

通路精耕是卖方便面的台湾地区企业在大陆地区普及的概念，崛起于大流通时期，盛行于大分销时代。作为中国营销急先锋的代表，快消品行业的很多做法一度被其他行业争相效仿。

但是，快消品自身的特点决定了业务拜访的多向性。业务人员可以说服一家卖五金建材的门店支一个小摊卖饮料，达到增加网点的目的，很难说服一个卖饮料的小摊主去开一个门店卖建材，快消品网点的低门槛决定了拜访模式的独特性。所以，快消品在销售行为的管理上，更强调覆盖率和市场份额。而其他行业，如建材行业，覆盖密度过高反而容易诱发经销商习惯性窜货、砸价，导致市场衰败。

快消品小店的客情是靠频率跑出来的，五金建材小店的客情是靠时间软磨硬泡出来的。由于满大街都是快消品小店，产品介绍和售后服务远不如建材麻烦。所以快消品强调拜访频次，五金小店强调拜访预约。快消品小店拜访，你给老板打电话预约，小店老板会觉得你矫情；五金小店拜访，你给老板打电话预约，小店老板觉得你的公司正规、你尊重他，更愿意在店里等你，给你提意见、出主意，主推你的产品的意愿也更强烈。

所以，不同行业的通路精耕，在业务拜访要求上也存在较大差别。建材行业的通路精耕，在整个"32726"经销商成长体系中只占1/20的比例，映射到具体的业务行为上，较之于快消品的通路精耕，业务拜访中的"六定"（定时、定线、定点、定人、定域、定期）的要求又有自身的行业特征。

考虑拜访业务的特殊性，我们以小店业务为例，从通路精耕的"六定"出发，看看建材行业五金小店拜访有哪些需要注意的特点：

定时：快消品小店讲的定时是每次都在那个时间点去，给店主建立巴普洛夫式的条件反射系统。五金建材小店正如开头所言，讲究提前预约，让店主看到你的时候，第一句潜台词应该是你还挺准时的。

定线：业务拜访的定线是指每天拜访的线路固定化，当然，这里指的是基础一线销售人员。这也便于领导检查和督促。至于这线路应该怎样固定化，其实是和销售人员的工作量紧密联系的。一般来说，我们将销售人员重复性的工作按周切分，就是将一个销售人员总的拜访量分为6个部分，每个部分为一天的工作量，销售人员就在这6条线路上周而复始地行走。这是做拜访计划的基本原则。

定点：问题马上来了，既然每个销售人员重复性的工作时长定下来了（6天），安排多少工作量才合理呢？行业不同、企业的要求不同会有较大差异。但是对建材行业来说，由于网点的分散性、品类的琐碎性、售后的复杂性，以及一定的技术门槛，每天拜访的小店数量肯定不及快消品行业和日化行业。通常来说，快消品要求的日拜访量在40~45家，日化用品的日拜访量在25家左右，建材五金小店的日拜访量在8~10家，工作量就已经很饱和了（走马观花式的拜访除外）。

定人：快消品的定人指的是实施拜访的销售人员相对固定，而建材行业五金小店的拜访，指的是拜访者和拜访对象都要相对固定。由于行业特性，建材产品的介绍需要专人对接和持续沟通，才能形成店家的稳定推荐。今天见了老板娘、明天又和老板打了个招呼、后天又跟老板的儿子闲扯一通，这样的沟通效果和拜访效率将大打折扣。定人就是要通过长期地一对一沟通和联系，形成比较稳定的客情关系，这也是我们常常强调有效拜访的原因。

定域：快消品行业网点的开发一般遵循谁开发谁受益原则，家居建材行业虽然也基本遵循这个原则，但存在一定的差异。五金建材小店的货源管理没有专卖店正规，经销商较少和销售人员签合同，不交保证金，很多时候他们只认上线经销商。更重要的是，这些小店不是谁离他近、谁服务方便、谁跑得更勤，甚至谁的价格便宜就从谁那里进货，建材行业渠道的上下级关系是历史形成的，里面有很多人情的因素。同一个区域的两个同类型网点，可能分属于不同上线经销商，强行地按区域划分网点归属是诱发网点间窜货、砸价的根源之一。因此，销售人员日常拜访区域的划分，原则上以经销商为单位。开发新网点时，要反复确认网点的进货归属，尤其是行政区域复杂和交界的地区。

定期：定期的核心指的是拜访的频次。各个行业都有客户的分类标准，一个月销售500元的小店和一个月能卖5000元的小店，销售人员的拜访频率自然有所差别。有人问我："黄老师，建材小店一个月拜访几次才合适？"我认为没有必然的标准，具体拜访频次计划安排也可以参考我曾经介绍的"三量工作法"。我的经验是，对于核心小店，一周有两次左右的拜访就足够了。我想要提到的是，如何快速判断一个五金小店是不是核心小店？我不止在一个场合提到过三类黄金建材五金小店的标准（工程型黄金店、水电工型黄金店、零售型黄金店），"三量工作法"、判断标准和开发话术都可以参考我2013年出版的书籍——《用数字解放营销人》的内容。

有些销售人员认为业务拜访就是天马行空，结果做了十几年、几十年还只会那点东西。业务拜访是细活，也是技术活。走店的时候多问一句为什么，不至于市场死了，还不知道怎么死的；市场火了，还不知道为什么这么火。

第八节　经销商门店"城头变幻大王旗",怎么办

建材行业的拜访行为和规律远不及快消品规范。所以,有些销售人员对于某些疏于拜访的网点再回过头去"炒剩饭"时,才发现记忆中的网点在眼前消失了。熟悉的门头和店招不翼而飞,只剩下店老板那张冷冰冰的脸,还是那么清晰而深刻。"你终于来了,你们公司产品不好卖,我刚刚接了一个新品牌,门头、店招我都换了,你们那些产品能不能帮我退了?"

这些一夜之间被换了门头、店招的门店,经销商见了你直接甩给你一堆问题,很多销售人员刚进门就被打了闷棍,搪塞了一阵,还是不知道从哪儿把话接起来。

为什么会出现经销商一夜"城头变幻大王旗"的情况?经销商悄无声息地将你的门头换下,是不是真的只是因为你的产品不好卖?

我和学员在培训中讨论过,经销商突然要下架你的产品、换掉你的门头,至少有四类原因。一是你的产品在他手里真不好卖,与其长痛,不如短痛,这属于经销商不会卖;二是你疏于拜访的客户认为自己没有得到应有的尊重,经销商不愿卖;三是竞争对手盯得紧,出得起价钱,给得起政策,经销商经不起诱惑,不想卖你的产品了;四是经销商遇到了经营问题,准备转行,不能卖你的产品了。

这里得强调一个观点,凡是经销商的问题都是销售人员的问题。经销商一夜变幻大王旗,无论是哪一类原因,根子都是销售人员的日常拜访中出了问题。经销商不会卖,你有没有把产品讲清楚?经销商不愿

卖,你的哪些行为导致经销商反感?经销商不想卖,你对竞争对手有没有基本的调查?经销商不能卖,你是不是在选择客户的时候就出现了偏差?

做销售的人都知道,自己碰上这类问题,能瞒则瞒,也少挨领导一顿臭骂。所以,在一些企业的 IT 系统里,尤其是较大的企业里,很多名存实亡的客户"呆滞"在系统里,既不进货,又作为冗余客户挂靠系统。冗余客户越多,说明公司的拜访管理的问题越大。管理者要想及时发现这类"变脸"客户,对销售骤减的异常客户进行实地的抽查和走访是一个切实有效的方法。

经销商如果要"变脸",其实是有先兆的,只是我们在日常业务拜访中忽略了或者没看懂这些信号。我曾经和销售人员整理、总结过 6 个经销商质量下降的信号,当这些信号出现的时候,就是销售人员应该打起十二分精神的时候。

(1)门店的整体形象下降。门头、海报破损严重;产品陈列效果差、品类不全,甚至竞争对手的产品也大面积缺货;店内卫生状况堪忧,没有人进行日常的维护。

(2)老板开始投资其他产业。一个做建材的老板突然拉着你去他开的 KTV、酒吧去看看,或者天天给你透漏股市的小道消息,你就得把眼睛放亮一点了。

(3)长期约不到负责人。还是那句话,你约不到负责人,不是你不重要,就是你代表的品牌不重要,或者是这个生意对他来说不重要。不管是哪一个不重要,对你来说都不是好消息。

(4)库存不足,进货频率突然下降。对于喜欢运筹帷幄之中,决胜千里之外的销售人员,发现异常数据和信息后,能到实地再看看,确实可以聪明地"偷懒"。

(5)员工精神面貌下降。经销商老板的一举一动,可以"高明"

地骗过销售人员，但绝对骗不过眼皮子底下的所有员工。而经销商情势的好坏，直接就能反映在经销商员工的举手投足之间。

(6) 被同行和下线批得一无是处。"好事不出门，坏事传千里"，当同行都在骂经销商调了货却赖着不给钱；或者下线说半年前打的货款，到现在还没有看到货的影子。这种做法与跑路的套路相差无几。

介绍完如何在细微之处发现蛛丝马迹，再回过头来说，销售人员如何正确应对"城头变幻大王旗"的尴尬状况。

经销商拆换门头，你说两者还有继续合作下去的可能吗？可以说，在既成事实面前，已经没有合作的可能了。经销商敢背着你出这招儿，也是预谋已久了，早晚会出手。未事先通知而造成既成事实，经销商在这件事上肯定是理亏的。因为大部分建材企业对经销商的门头、店招都有装修补贴，门头在装修合同里，事实上是一个相互套换资源的承诺，有些企业甚至在合同上标明，未经厂家同意，经销商私自更换门头的，经销商要返还装修费用等。但是这笔钱肯定要不回来，合同规定的目的就是要造成经销商理亏的暗示。更何况，换门头比下架产品更严重，这相当于打人专打脸。如何应对这尴尬局面呢？

第一步，无论经销商出于什么原因"变脸"，销售人员一定要义正词严地表明态度，抢占道德制高点。

"赵总，您长我几岁，我平时也尊您为大哥。我平时有什么做得不好的地方，您做大哥的可以指出来，但是今天您这件事做得让我太难堪了。门头、店招是我们公司的脸面，也是我的饭碗，您有什么问题可以直接和我沟通，如果是我处理不及时，您把门头、店招拆了是我的问题，我负责。您不打招呼就把我的门头、店招拆了，您这是打人光抽脸、抄家光砸碗啊。"

你们有没有发现，当我们一身正气、一腔热血给经销商表明严正立场的时候，真正的生意人多半会停下来照顾你的情绪。这时，他一定会告诉你是什么原因要换下你的门头和产品。在前面说到的四个原因里，只有当经销商感觉不被重视和尊重的时候，不愿卖的原因不会直接告诉你，其他三个都会直说。

第二步，你是不是根据他说的原因一一化解？不是。你应该找经销商索回被经销商拆下的门头、店招的旧件，告诉他你需要照片作为申请撤销客户资格的附件。能不能要到？肯定要不到了，因为经销商早就扔了。没有核销资料，经销商又欠你一个人情。

如何解决经销商不会卖的问题？

建材门店，规模小的都是老板是导购，而且老板娘做导购一定比老板做得要好。对于大店，有一些专职导购是非常厉害的，所以区域销售人员要学会将一些专业导购组建在一个微信群里，让他们相互交流销售心得。这个群的组建，一定要女性，女人在一起就会有话题，群的活跃度才会提高；在这个群里偶尔发发红包，群的黏合性也能增加；女人是真正近距离接触消费者的人，如何才能卖产品，只要引导得当，她们有很多经验介绍。

在群里，对于每次提出的优秀销售建议，群主就发 5~10 元红包，并将发言整理为"××品牌金牌销售金科玉律第 N 条"，每条金科玉律后面都附上建议者的名字。一是加入到群的精华聊天中；二是在公司各个刊物上发表；三是有条件的公司，可以将这些建议印成口袋书，每个经销商发一本，这就是企业文化。不会卖货的老板娘加入这样的群里，十天半个月后就会卖货了。

经销商如果能够解决不会卖的问题，那被拆下的门头怎么办？趁新一版的装修方案出台，尽快恢复。

如何解决经销商不愿卖的问题？

经销商对你不满，你能不能感觉到？稍微敏感的人多少都能感觉到。经销商如果是对你个人有意见，该检讨的检讨、该道歉的道歉。建议这种客户给 3 个月的后悔期，合作关系再保持 3 个月，一是消化库存；二是通过调整各自的行为模式，相互磨合，以期继续合作。

如何解决经销商不想卖、不能卖的问题？

我还没有看到过哪个建材企业扎扎实实收过裁撤客户的退货。前面占领道德制高点、让经销商欠人情，其实都是为解决不想卖、不能卖的问题做铺垫。对于受竞品政策诱惑就能弃我而去的经销商，如果企业没有真金白银，还是死了这条心。对这两类拆下门头、店招的客户，最好的结果是在兵不血刃的情况下安排 3 个月的缓冲期，自行消化库存。

第四章

渠道冲突的本质是渠道力量的变化

第四章
渠道冲突的本质是渠道力量的变化

经销商为什么敢跳起来和你叫板？你为什么敢在经销商面前吆五喝六？渠道冲突的本质一定是厂商关系、经销商之间的关系失去了制约和平衡，一方力量过大，另一方力量过小，最后导致力量占优的一方在处理某些事情的时候，方法简单、行为粗暴。

所以，解决渠道冲突，根本的办法是找到自己的优点去刺痛经销商的弱点，即使是自己处于弱势地位的时候。

第一节　区域经理，短期冲量的 14 种方法

我还是坚持脚踏实地做销售的观点，销售一定是个苦命的活儿，而且还是个细致的苦命活儿。有人销售做得很轻松，也许只能说是时好、势好、运好，也就是你这个时间点碰得对，不用费劲，管辖的区域销量就往上走。换个地方、换个时间、换个品牌再试试，我就不信，还能坐在家里做销量。所以，现在销售做得好的不要骄傲，也许只是你运气好；销售做得不好的也别懊恼，踏踏实实、一步一个脚印，把该做的事情都做了，问心无愧即可。

什么叫短期冲量？说直白点，就是压货的分支，不择手段，至少将报表上的销售数据快速推高，达成销售指标。它比压货的应用范围广，当然带来的后期隐患也更具欺骗性。

短期冲量的方法在实践操作中是最常见的手法。使用这个手法就卑鄙吗？不见得。大多数企业对销售人员急功近利，三个月、半年、最多一年，达不到目标就承担责任。在这种氛围下，企业要求销售人员事事从长远计、从大局计，是不是有点"我本将心照明月，奈何明月照沟渠"之感。更何况，事无绝对，短期冲量也不是一无是处。

之所以给大家介绍14种冲量的方法，不是要教你学坏，而是身在江湖，你得知道这个世上除了阳关道，还有独木桥，阳关道坦荡，独木桥静幽，各有机关，各有风景。

(1) 用费用换销量。这个方法说起来简单，操作起来还有点复杂。首先，不是所有的销售人员都能有大把的费用砸销量，所以有些人即使想冲量，也无弹药可冲。其次，有些企业会采用费用包干制或者费用结余提成制，将费用变成销售人员"自己口袋里的钱"，想换销量也得掂量掂量。最后，经销商不傻，给点费用就多进货的年代已经过去了，产品没销路就没人理你。

所以，用费用换销量，是一个看着简单，但不是每个企业都能用的招儿，一般只适合年末月底费用有结余，公司产品销路尚可的企业。当然，能用费用换销量的销售人员至少还是想办法达成目标，而不是在钻营如何掏空费用。

(2) 寅吃卯粮，开单不发货。冲货一般发生在月末年尾，眼看着销售目标就差一星半点，实在没着落了，寅吃卯粮的做法也是比较常见的。

比如，经销商月初不急月尾忙，月底仓库已经压满货，再进货肯定爆仓。但是区域销售指标还差20万元，这时就要靠销售人员"运作"了。要么直接让经销商下某个畅销单品20万元，然后销售人员"搞定"仓库人员，订单分拣、入仓后在系统里做虚假发货，待十天半个月后再发货，为经销商消化库存赢得时间。但销量计入上个月的销售数据。

要么是销售人员"搞定"订单处理人员,让他们查一查系统里的缺货情况,让经销商对着缺货品下订单,缺什么订什么。这样自然无货可订、无货可发,但可以形成一份缺货订单。销售人员拿着这张缺货订单,连同一份特殊申请递交给领导:月底冲量由于仓库缺货严重,致本月20万元订单未能落实,最终形成20万元的销售缺口,未能100%达成销售目标。故请领导鉴于仓库缺货的实际情况,本月实际完成指标按100%考核。申请交上去,领导批或不批的概率各占50%,同时也可能将战火引向供应链,不是迫不得已必须慎用。

(3)先进后退,售后扫尾。这种冲量的方法更阴损,给企业带来的后续麻烦更多。具体操作就是为了完成冲量,先让经销商大量进货,许诺经销商只要度过年尾月末考核,就会以产品售后问题帮助经销商退货,将超额吞进去的货又吐出来。经销商能得到的好处是,能够一并解决其他售后问题,在一些管理不规范的企业,经销商还会用旧货换新货的方式将库存腾挪一遍。这种情况在设有分仓的区域更容易发生。

(4)联合冲量,返利共享。这种冲量方法其实是销售人员空手套白狼变出的资源。当企业设立的坎级返利过高,或者区域销售缺口太大,大部分经销商都无法完成任务的时候,销售人员将资源当客情,把几个经销商的销量累加到一个经销商头上,让一个经销商拿到返利或者拿到更高返利,然后再组织经销商内部"分赃"。对企业来说,这种冲量方法得到了相同的销量,但是付出了更多的返利成本。

(5)工程报备,量多价优。耐用消费品、家居建材产品等涉及工程用量的产品,冲量的方法比较多。主要方法就是在涉及各类工程的时候,因为厂家在支持工程类产品的时候都会有一些特价政策,经销商在申请某个工程项目支持的时候,为了多拿实惠、占小便宜,一般都会将项目产品的使用数量拔高虚报,同时做一份"阴阳合同",向企业报备。销售人员多半知道实情或者参与其中,有的只是为了多一些销量,就选择"睁一只眼闭一只眼"了。

(6) 直指终端,回购冲量。这种方法在大卖场的家电类企业用得比较多。其主要目的是为了打击对手士气,形成我方先发优势,销售人员不过是顺道在自己脸上贴贴金。由于大卖场的数据全靠 IT 系统,而且有专业的中介公司进行监控,为了率先在某个单品品类实现销量突破,销售人员会组织经销商将送到卖场的产品用零售价统一回购,期间产生的各类费用,销售人员会用各类特殊补贴的方式进行返还。

在这样的操作下,企业的卖场零售销量在短期内会有大幅增长,形成企业单品热销的假象,这和现在的网络刷单是一个道理。

(7) 波浪式冲量。波浪式冲量是在"冲量理论"发展到一个瓶颈后的又一项突破。这也是我们常说的,有些区域销售人员压货都压出"压水花"的技术来了。波浪式冲量分两种:一种说法是指对某一个经销商不能不间歇地压货,应该压一个月放一个月,至少还能保证 6 个月完成任务,拿到奖金;另一种说法是指不能对所有经销商同时压货,应该这个月压 A、B、C、D、E、F、G,下个月压 H、I、J、K、L、M、N。此起彼伏式的压货,给大家松绑,不至于压力过大,渠道爆表。

(8) 赊销铺货。这种方式主要针对有赊销政策的企业,就是先给货后给钱。这时,销售人员跟经销商说的最多的一句话就是:反正不要钱,你就先多进点货呗。赊销如果设立责任追究机制,就一定是死账、烂账一大堆。

(9) 新增网点与层级。渠道的功能之一就是有蓄水能力,很多销售人员自然也是深谙此道。在销售目标遥遥无期的时候,把蓄水池的宽度增加、深度加深也是销售冲量的选择之一。具体的表现就是原来只有 1 个代理,现在变成 4 个代理商,原来一个县城只有 1 个网点,现在变成 10 个网点。更厉害的是,大企业如果严控经销层级和网点,销售人

第四章
渠道冲突的本质是渠道力量的变化

员就会在零售商以下私增新的层级，鼓励县城的零售商向乡镇、偏远地区发货，这些地方由于物流不畅、信息不畅，零售商以零售加价的方式依然能获得订单。当然，这样的冲量方式有时也能为企业带来意想不到的渠道创新。

（10）会议营销。十多年前，我在保健品行业待过，认为保健品行业的会议营销已经把会议营销用滥了、用臭了。直到我看到飞利浦家电的高管，带领我们用会议营销的方式，一场会议完成几亿元的销售额，我才回过神来。原来家居建材行业会议营销还有很大的空间，家居建材行业的经销商还挺吃这一套。至此，总部层面有全国订货大会，区域有各级的订货小会，直到后面订单满天飞，就是落不了地。经销商下了订单不提货的情况比比皆是，这也是产销冲突的原因之一。

（11）新品压货。大多数经销商不愿意卖新品，所以新品压货也不是百压百灵。但是对于真正有规划的企业，新品上市一般是带着费用的，而这笔费用就成为销售压货的最好帮手。有些大企业的销售人员最喜欢压新品，因为老产品压得太多了。

（12）畅销品压货。畅销品压货是导致很多畅销品从畅销变滞销的原因。前期因为有政策、有资源、有费用，既然要压货，简单粗暴的选择就是直接将畅销品压到经销商的仓库。反正要进货、反正迟早要卖，压点畅销品自然是双方最能妥协的方案。但畅销品越压越多，为了消化库存，价格自然会越打越低，企业曾经的爆款产品就会变成烂大街的产品，最后价格倒挂，人人都懒得卖。

（13）窜货式冲量。这种冲量方式其实就是销售人员联合经销商，要么为消化库存对其他区域进行恶意窜货，要么是发现其他区域有大片空白市场，不冲白不冲，冲了也白冲，只要自己完成了任务就行。这样的窜货，销售人员要么帮着毁尸灭迹、通风报信，要么对其他区域的投诉阳奉阴违、敷衍搪塞。

(14）渠道转移式冲量。这也是冲量界的一大发明。现在不少企业都是多渠道发展，而且每个渠道的发展不均衡，在家居建材行业，企业为了减少生产成本，很多渠道的产品是共用的，同时 IT 技术还不足以支撑分品类、分渠道、分经销商的一对一控制。一个经销商可以有多个渠道资质，一个 SKU 又可以对应多个渠道，每个渠道又是单独考核，返利还存在级差。经销商不傻，销售人员也不傻，在这种报表结果直接反映人的意识的博弈之下，销售人员、经销商将更多销量填报在有更多返利的渠道上。

第二节　经销商窜货的 12 种形式及应对方法

凡从事过销售管理或渠道管理的人，对窜货谈虎色变，听之丧胆，视窜货为洪水猛兽的销售人员至少属于不成熟；对窜货听之任之，甚至浑水摸鱼、火中取栗的销售人员，不是目光短浅，就是"猪油里面钻泥鳅——太滑了"。

从根源上来说，窜货是企业在划分经销商地盘时习惯以行政区域为边界，而没有考虑物流成本和物流习惯。从诱因上来说，是渠道管理出现了失控（砸价甩货），或者是渠道管理没有跟上市场的发展步伐。

以行政划分导致的销售区域窜货，多半是创业型企业前期不得已之法，但也是最容易出问题的划分之法。

如石家庄到廊坊将近 300 公里，到唐山 400 多公里，到秦皇岛 500 多公里，虽然同属于河北省，但按省级区域划分市场，石家庄的经销商如果要辐射廊坊以东的三个地级市，从单次的物流成本和铺货效率来看，如果不顺道将货发到距离不到 300 公里的北京和 300 多公里的天

第四章
渠道冲突的本质是渠道力量的变化

津，石家庄的经销商就是在以圣人的标准在要求自己了。同样，山东临沂作为全国的灯具市场批发周转中心，位于苏北的连云港距其仅仅150公里，而距离省会南京将近400公里。在运费自付的情况下，连云港的客户从运输成本的角度考虑也更愿意从临沂拿货。

出现窜货并不都是坏事。对于创业型企业，形成"全民共推"的局面是求之不得的事情，今天很多一线品牌都经历过从大乱到大治的阶段。

有些小企业只知其一不知其二，在创业初期，基本没有渠道管理和销售管理的概念，听说某大品牌曾经也对窜货睁一只眼闭一只眼，自己就推波助澜，见钱发货，对窜货投诉也是充耳不闻。

其实，真正的一线品牌，尤其是借助经销商渠道的行业，没有一家企业没有严格的市场保护制度。对于窜货管理的宽严松紧，只是分阶段、分情况、分侧重点而已。

这里将给大家介绍家居建材行业窜货的12种形式，以及针对这12种形式可以采取的应对方法。

(1) 自然窜货。和很多行业一样，家居建材行业的产品也会因为地理位置、购买习惯的影响，导致产品跨区域流动。比如，A区域的消费者和B区域的经销商是亲戚，用到建材产品时，肯定会优先向B区域的经销商采购。在有些企业老板的家乡，企业做大以后，老板沾亲带故的人太多，通过各种关系从工厂倒货回来自己用，都属于自然窜货。

自然窜货是产品内部销售的主要形式，也对培养市场有一定的帮助作用。

(2) 空白市场窜货。空白市场窜货有两种情况：一是无主的新市场，经销商刚刚接手，发现市场乱七八糟，向销售人员投诉；二是有主的老市场，经销商自己篱笆没扎牢，留下了大片市场空白被别人窜货了。

对于第一种情况，销售人员应该在发展新经销商的时候，就要走访周边的窜货经销商，先讲道理：这个区域现在是有主之地，过去窜的货既往不咎，接下来还要窜货的，一定拿他开刀。你说了这三点，市场也不会迅速好转，但是大部分经销商会收敛很多。接下来就是要让新经销商给所在区域的门店洗脑：接外地的货，返利、售后、装修补贴公司一分钱不给；从正常渠道进货，纳入公司的正规客户体系，享受所有政策，门头、店招还能授权使用。建材产品，售后、返利、装修补贴都是比较大的费用，有正规的客户资质，尤其是对大品牌，这一步处理都不太难。清理了户内户外，这时依然会有人冒天下之大不韪，杀鸡骇猴是必不可少的手段，只要窜货有高压线，让鸡死给猴子看是最简单有效的震慑窜货的办法。

对于第二种窜货，我只能说窜了也白窜，企业的区域经销制，是要保护优质经销商的权益，而不是画地为牢、自缚手脚。

(3) 被撤销客户的窜货。这种窜货比较头疼。由于经销商与企业的合作关系终止，双方已经不具备制约关系，而有的企业没有收货政策，或者即使有收货政策，经销商不让收。所以这种窜货的处理关键在于能收货就尽量收货，如果实在收不了货，就想办法切断货源。

在草原遇到火险的时候，成功的经验是把自己周边的野草尽可能地清理掉，形成一个足够大的隔离带，火烧到周边时，没有了引火物，自然就烧不到自己。对于被撤销客户的窜货处理，其实也是用这个原理。打击被撤销客户的窜货，重点在于对被撤销客户周边的经销商的监控。通常做法是，发文被撤销客户信息，谁敢私下给该客户供货，一经发现，不问理由，与该客户一同裁撤。

被撤销客户再怎么窜，手头也只有那些货，只要管住那些私下供货的渠道，被撤销客户再怎么窜也闹不了多长时间。

(4) 带货窜货。这类窜货是比较恶劣的，多半是经销商借着大品牌的市场接受度，用低价的大品牌产品建立关系，为不知名的高毛利产品冲渠道。对于这种带货窜货的打击策略，要抓住他的窜货心理，让他偷鸡不成蚀把米。

这些经销商本意是希望借助品牌的张力，拓展自己的渠道。一方面，他们很珍惜手头的这个大品牌；另一方面，也希望借助这个品牌为自己再修一个后花园。对于这类经销商，他们是绝不愿意丢弃品牌的，一旦被企业发现，一定会苦苦求饶，只要证据坐实，重罚是关键的一步，而且是顶格处理的罚款，不接受罚款就断货，断货十天就算经销商自动放弃经营资格，既给他一线生机，也让他终生难忘。这样一来，估计下辈子他都不会用你的货去冲渠道了。

（5）冲量型窜货。这种窜货是因为区域给了大力度的吃货政策，导致经销商为了拿到政策，自己区域又消化不了，只能想法子去别的区域窜货。

这种窜货的根源在于销售区域自身的政策，脱离实际的销售目标、过高的返利坎级、单纯的进货返利过大，这都是诱发冲量型窜货的不安定因素。该窜货对市场的影响是阶段性的，如果窜货的影响相对较小，价格又比较稳定，而且还没人投诉，这时，可以考虑睁一只眼闭一只眼。

但是，冲量型窜货大多伴随着砸价，要根治还得回到政策制定的源头。我在《用数字解放营销人》里曾有"相对合理"销售目标的导出方法，这里就不做赘述。

（6）压货型窜货。关键还是压货要讲究方法，一味死压导致的窜货，谁也救不了你。

（7）关系型窜货。在两个经销商交界的地方比较容易发生，A区域个别零售商的其他品牌产品都向B区域经销商拿货，有新品牌进入后，由于涉及账期和信任问题，这些零售商仍然向B区域经销商拿货。

怎么判断是关系型窜货而不是主动窜货？一是有没有低价；二是经销商有没有主动送货上门。只要符合其中一条就是主动窜货。主动窜货另当别论，关系型窜货则重在协商而不是处罚，坚持不诉不理。

销售人员主持协商的内容包括，B区域经销商绝对不可以跨越低价、主动送货的红线；A区域经销商能不能提供与B区域经销商相同条件的政策给零售门店。

（8）工程型窜货。工程项目的窜货是经销商违反工程属地管辖，或者是报备政策，导致一个项目多个经销商跟进砸价，甚至背后透底价抢单。

靠价格抢工程的经销商，多半是对工程销售一知半解的。工程是典型的关系型销售，有些经销商利用公司的报备政策，道听途说一个项目就开始报备。对付这种经销商可以采取报备保证金制度，报备一个项目就要缴纳一份项目保证金，项目拿不下来，保证金就成为公司的营业外收入。对于已经全国公示的项目，还要背后报价、砸价的，只有一个办法，就是抓住了往死里打，能打多惨就打多惨。

（9）报复性窜货。是指两家经销商有宿怨，窜货纯粹为了报复。对于这种窜货只能和稀泥，因为经销商窜货的目的就是为了报复，只是很不幸地选择了你的产品作为报复的工具。

所以，对于报复性窜货，不要追究谁对谁错，要站到窜货经销商的角度理解、同情，但请不要拿我们的产品报复，万事留一线，日后好相见。

（10）投机性窜货。有些经销商也并不是想窜货，只是有时遇到送上门的生意，纯粹抱着有便宜不占白不占的想法。比如，突然有个其他地方的非正规客户要上门现金拿货，明知道这个人是为了窜货也睁一只眼闭一只眼，当作什么也不知道。

这种窜货有没有危害？实事求是地说，供货的经销商只是为了贪图

第四章
渠道冲突的本质是渠道力量的变化

小利,明知可能发生严重的窜货事件而任由窜货后果的发生。这种经销商死罪可免,活罪难逃,小惩大戒即可。

(11) 炒单帮。建材领域有很多跑私单的人,他们有一个空壳公司但是没有仓库,有许多设计公司和甲方的关系,这成为很多经销商喜欢和他们建立联系的因素之一。对于企业的监管来说,由于炒单帮站在前台,他们不受企业的制约,炒单帮的抢单、窜货、砸价的事情就很难处理。

炒单帮要不要利用起来?当然要,关键是炒单帮的资源要掌握在销售人员手上。要求每次经销商报备工程要报备信息来源,如果属于炒单帮的资源,一旦发生窜货、砸价、抢单的事情,可以不计入该经销商的违纪行为;如果不报备信息来源,一旦发生违纪事情,就让经销商自己背黑锅。

通过这种方式,不用多久,这些炒单帮的信息资料和人员关系就能成为销售人员的一张牌。

(12) 影子客户。指的是没有公司的门头、店招,而且也没有在公司存档客户资格,但是却在店里销售公司产品的经销商。可能店内没有存货,但是你一要货,他就能调到货,我们通常将这类客户称为影子客户。

最关键的是要查明影子客户的进货渠道,这也是影子客户最隐蔽的地方。我们通常采用的方法是冒充普通用户到店内指定购买某个特殊型号的产品,而且还有一定的量,让影子客户动心。这个特殊型号产品公司很少出货,渠道基本没有库存,一旦影子客户接单就必须通过渠道向公司订货。这时,就可以坐在公司等鱼上钩了。

窜货管理的关键是看企业的态度,企业只要想抓窜货肯定就能抓得住。只是销售人员需要明白,打击窜货只是手段,实现销售增长才是目的。所以,在窜货治理上,要把握以下四个原则。

原则一：特区原则。在经济高速发展期，对各区域经销商的势力交叉地带设立"窜货特区"，但必须确保各区域经销商的核心区域不受窜货干扰。那些由于物流、经济等原因相对落后的地带，应该成为先发展后治理的特殊市场。

原则二：特例原则。对于单纯以行政区域划分的销售区域，发生窜货时，应该去市场多看看、多查查运输成本、物流习惯、经销商能力，多走访一些行业内外的经销商，听听他们的意见，再下结论也不迟。

原则三：底线原则。对于经销商的核心市场或者是成熟市场被窜货，应该采取顶格处罚手段进行严厉打击。对该类事件的处罚一定要抓住机会，树立典型，并进行推广，让全国的经销商都看看企业打击窜货的决心，明白触碰企业底线的后果。当然，这就要求企业首先对市场进行分级，划分好核心市场和成熟市场的范围。

原则四：继续走原则。处罚窜货的目的不是要处罚谁，而是要让这种合作关系能够继续往前走。所以，我曾经设立过"窜货三级调解机制"，它的基本操作思路是：能自行调解的就自行就地解决。在现实操作中，很多窜货可能是无心之过，被窜货方有时候只是需要一个说法和保证。在可能的范围内，让被窜货方满意就成为这个制度设计的底线。

三级调解机制包括三个层面：办事处、大区、总部。

办事处内出现窜货，办事处经理主导双方进行调解，若有一方存有异议，可向大区申请复议，仍有异议可向总部投诉。

同一大区的不同办事处间出现窜货，先由两个办事处经理进行调解，有异议再由大区进行调解，仍有异议可向总部投诉。

不同大区的办事处出现窜货，也是先由两个办事处经理调解，再上升到大区，再到总部。

一旦到总部，查明窜货属于恶意窜货（冲击核心市场和成熟市场），就一定会遵照窜货处罚制度进行顶格处理并全国通报，鲜有回旋余地。

因为处罚权一旦到总部,恶意窜货方一定会受到顶格处罚,所以在一二级协商时,都会尽可能在政策范围内满足被窜货方的要求。由此,厂商之间的关系不会过于紧张,同行之间的脸面也不至于撕破。这样的调解制度在弹性和威慑力之间取得了非常好的平衡,实践效果很好。

第三节　压货,技巧决定你是天使还是魔鬼

在线下渠道的库存管理中,该不该给经销商压货一直是一个遮遮掩掩的话题。作为企业的老板,一方面,希望经销商的渠道库存少一点,再少一点,免得日后事情太多;另一方面,在巨大的库存压力和现金流的诱惑面前,又希望将产品都转移到经销商的仓库,希望库存多一点,再多一点。所以,我们看到老板多是天天嚷着不要压货、不要压货,但一转身就会指着你的鼻子咆哮:为什么仓库还有那么多呆滞品没有卖出去?你准备把他们留在仓库里过年吗?这是呆滞品,就算便宜处理,也不一定有经销商要;就算有经销商要,也不一定是过年前就要;就算是过年前要,也不一定是你有多少就要多少。对这种行为,很多销售人员已是家常便饭,他们多半会转身疾走、气急败坏地回应道:老板,看我的好啦。

库存既然是企业内部永远没有办法消化和解决的问题,对于销售人员而言,那就只能从外部,也就是经销商下手。要从经销商入手,我们得先讲一个小故事,解决经销商为什么要压库存的问题。

早年我在某企业服务时,负责某区域市场,曾亲手开发了一个经销

商老A。由于历史关系，我和老A一直保持比较密切的联系，直至2010年我离开这家企业后，两人的关系也非常不错。2013年，我由于其他原因到该地区出差，提前打了一个电话给老A，老A很高兴，一定要约我晚上聚聚。忙完其他事情后，我如期赴约。酒桌上我们相谈甚欢，在即将结束时，老A突然趴在酒桌上大哭起来。我很奇怪，虽然我跟老A关系挺铁，但哥们的感情不至于上升到几年不见，执手相看泪眼的地步啊？我怯怯地问："怎么了兄弟？"

老A接下来的一段话让我大开眼界："兄弟，我做生意25年，15岁就开始出来做小工，19岁有了第一家店。从此以后，生活开始稳定，日子也好过起来。15年前，在我们这个地方，一年做个四五十万元生意的经销商有五六个，我们平时也在一起喝酒、泡茶、钓鱼、摄影，那时候产品利润高，有货就能卖，小日子挺滋润。

"你们品牌当时刚到我们这里的时候，我知道第一个找的客户不是我，是那几个和我一起玩的经销商，只是人家死活不干，你们最后才找我。可是刚接手你们的品牌，我的好日子就算到头了，我过去一年才做四五十万元，第一个月的时候，你们就给我发了10万元的货，还说3个月考核不达标就把我换掉，真是上贼船容易下贼船难。我看着仓库里的一堆货，真是欲哭无泪。还好，压完货后，你们又带着一帮做推广的人对我说不能在家里等生意上门，要走出去做分销、做推广、找项目，要由坐商变行商。我也是看着仓库里的那堆货心慌，只能跟着你们做分销、做推广、找项目，感觉又回到了19岁刚开店时的光景。到了月底，10万元的货还真卖得七七八八了，我刚想喘口气，20万元的货又压到了我的仓库。我只好闭着眼睛往前冲，拼命开网点、拼命找项目，想着法把东西一点一点地往外卖，能卖一点算一点，就这样不知白天黑夜地干了一年，回头一看，我自己都不敢相信，当年我居然卖了130多万元。

第四章
渠道冲突的本质是渠道力量的变化

"从那以后,你们主动压货,我默默承受,一干就是 13 年。13 年过去了,现在我一年能做四五千万元,而当年跟我一起玩的伙伴,有两个仍然一年只做四五十万元的生意,多的也就做一两百万元的生意。因为选择你们和那些让我睡不着觉的库存,我莫名其妙地成了这个地区的老大。"

这是一段让我很有感触的表白,至少库存不是某些人嘴里常说的万恶之源,至少库存也压出了区域老大,虽然没有经销商会主动接受库存。

为什么要给经销商压货,其实理论说多了无益:经销商的钱在哪里,经销商的心就在哪里。这就是为什么企业培训的时候,员工容易睡觉,老板都会打起精神。很多所谓的免费培训,想着法地让你出点血。更何况你不压货,别人就会压货,等到经销商围着别的品牌转的时候,你哭都来不及。

既然给渠道压货并非十恶不赦,那为什么有的企业会因为渠道压货而崩盘,有的企业却越压越欢乐呢?

我曾经的老板不止一次问我:"黄润霖,你们每个月这样压货,不怕把渠道给压爆吗?"我记得自己最有力的回答是:"正因为每个月压货,如果要爆早就爆了。"虽然这是一个从结果找理由的狡辩,但是在这个理由的背后,我们一直在试图解决以下三个问题。

一、把货压给谁

千万不要放过那些有批发能力的大户。一般来说,各行各业的省级经销,尤其是独家经销,甚至包括市级经销,只要销售额过了千万级,基本上都是公司化运营,正规点的都会有相关的 CRM 系统,他们会盯着自己的仓库。所以，无论是用促销资源换进货还是用市场支持换进货，你就放心大胆地做吧。一个做得了几千万生意的经销商，是不会傻到不知道自己几斤几两的。他们知道的信息比你多，门路比你广，不要自作聪明地替客户做决定，你需要做的事情只有一件，变着法儿地把货压给他。只要他敢接招，奇迹就会发生，方法在前面的14种冲量技巧中均有介绍，有兴趣的可以试试。

至于零售门店，能放过的还是放过吧。一是如果可以压货，上线经销商会代你把压货的事情完成，你只需做好配角就行，而且他们选择的目标更精准；二是如今的零售门店之间相互调货已经习以为常，压货的难度越来越大。只有两类人会傻到让你压货，一类刚刚入行的菜鸟，另一类是有特殊销售渠道的门店。

二、如何才能压得进

其实压货这事真是"八仙过海，各显神通"。品牌惯用的手法是经营权的引诱、市场费用的支持、售后服务的承诺以及各级订货会的折扣。对于品牌商来说，如果在有品牌溢价的情况下，业务团队都完成不了压货，你让那些非品牌厂家情何以堪？所以，非品牌销售人员如何压货才是经典之作。由于货物的转移，批发商是一个重要环节，今天给大家介绍针对批发商压货的三种方法。

（一）见缝插针法

针对已经签约并进货的经销商，由于大部分经销商都有自己的配送车辆和司机，每天也都有自己的配送线路将多个品牌的多个产品往下线网点分销。聪明的厂家应派驻销售人员积极主动地跟车配送，解决以下两个重要问题：

1. 厂家销售人员可以快速熟悉经销商的渠道。

2. 销售人员可以主推自己的产品，而不是放在配送车上，任由送货司机吃"大锅饭"。

（二）越俎代庖法

主要针对省级经销商的下线批发客户中已经和经销商签约但迟迟不进货的客户。通常做法是：督促省级客户打电话给下线批发客户（二者之间有良好合作关系的），让这个批发客户派一辆货车和一个司机到省级客户的仓库，装满货后，厂家销售人员随车到批发客户所在区域进行主动的首次配送，并将配送完的客户明细和货款（扣除进货价）交给批发客户。这里有两个要点：

1. 一定要让批发客户派司机，因为客户的司机才熟悉客户的线路和网点。

2. 配送明细一定要有记录，既可以表明配送成绩，又便于批发客户后续跟进。

所谓万事开头难，开头做好了，后面就好办了。

（三）投桃报李法

主要针对已经签约并进货的省级经销商的下线批发客户。通常情况是，下线批发客户配送工具受限，或者开拓网点遇到阻力时，厂家人员应主动联系省级客户，派驻精干销售人员和车辆，在批发客户的仓库装满厂家的货物后，由批发客户带领，在其区域完成一次完整的配送演示。该策略执行的关键点是：

1. 下线批发客户已经进货。

2. 一定要让批发客户一起前往，让其感受车销的效果，坚定其改善配送工具的决心。

三、如何才能持续压

持续压货才是压货的最高境界,"压货界"曾有一句名言:压一次货并不牛,牛的是能天天压货。当然,如果只是简单的压货,迟早有一天会爆仓。怎样才能让经销商的仓库不爆仓?请务必做到以下两件事:一是帮助省级经销商做出快速处理尾货的决定;二是管好那些有特殊销售渠道的零售门店和黄金位置的零售门店。

(一)帮助省级经销商做出快速处理尾货的决定

这有点壮士断腕的悲壮,其实这里有一个算账的问题。在《用数字解放营销人》里,有针对库存抛售点公式的应用,有兴趣的读者可以自行查阅。

(二)持续压货的第二件事,就是管理好真正的零售大户

家居建材行业有两类特质的零售大户:一是在最好的地方建了最好的店,稳定的人流和优质的铺位是线下零售的不二法门;二是那些有着特殊销售渠道的零售门店,可能一天到晚看不到一两个消费者进门,但就是有很强的出货能力,这种门店一般都有工程项目和关系渠道,他们做的都是"门背后的生意"。这种资源不用白不用,对于"黄金零售客户",厂家的销售人员一定要把他们当KA客户单独登记与管理,多走动、多拜访、多沟通。记住,有时候省级经销商搞不定的事情,他们也许是你的救星。

第四章
渠道冲突的本质是渠道力量的变化

第四节 价格管理是打击低价，还是严防高价

在区域销售管理体系中，价格管控是重中之重。但是在很多销售人员的意识里，价格管理只是意味着防止经销商低价扰乱市场，而与经销商高价囤积居奇没有什么关系。以至于常有入行不久的销售人员问我："为什么要制定最高零售价？经销商能卖高价是他们的本事。他们赚钱多，主推的积极性就会高，我们的品牌形象也更高端，不是皆大欢喜的事情吗？"

到底打击低价重要还是打击高价重要，举一个例子就能明白。经销商偷偷低价，逻辑上销售的量一定是上涨的，厂家按正常价出货给经销商，经销商卖得越多，厂家赚得越多；反过来，经销商奇货可居卖高价，销量自然下降，厂家出货自然减少，赚的钱就相应减少。所以，从厂家的实际收益上说，经销商偷偷卖高价比卖低价更令人头疼。

低价对渠道秩序的冲击、对人心的稳定、对品牌的伤害都是显而易见的。所以，既要反对高价也要反对低价，才算是摆出了正确的价格管理姿势。

一、如何打击低价

家居建材属于低关注度产品，种类繁多，消费者如果不进行深入比较，很难对价格有感知。而在各类家居建材专卖店、五金店里，价格标示很不规范，明码标价的产品也会有较大的折扣空间。所以，即使同行投诉低价，要获取证据，也只能在促销单页、销售收据、工程报价单上

做文章。

处理经销商砸价的第一原则是让经销商将砸价现场尽快撤掉。我曾经在培训课上让学员列出经销商低价的原因，家居建材行业的低价大致分为以下6种：

（一）促销集客低价

经销商要举办一个大型活动，需要一个噱头产品集客，很不幸，选中了你的产品，还满县城地发传单。大品牌被砸价可能性比较小，小品牌被选中的可能性比较大。如果是你，你该怎么办？

如果经销商敢私下拿大品牌作为噱头产品集客，只有两种可能：一是不准备干了，做好了翻脸的准备，这个留到清仓式低价再讲；二是你的管理有死角，发现不了。销售人员的第一反应就是挑明问题看反应。

"赵总，这个促销单页上的价格怎么能这么低？"

"就是办一个活动，没事的。"经销商轻描淡写地说。

销售人员可以知道装作不知道，但是一旦别人明明知道你知道而装不知道，你对这个经销商的"杀气"也就基本到头了。所以，接下来就是我们必须表明立场的时候：

"赵总，从我们合作第一天起，我就说过'万事好商量'，唯独窜货、砸价没有讨价还价的余地。您今天就把那些单页、海报撤下来，价格签调整过来，事情还有缓和余地。但是，如果您满大街发单页砸价的事儿被其他经销商拍照投诉到总部，谁也救不了您。"

如果是投机砸价的经销商，肯定会收拾单页、价签和稀泥，你不处理他，他就对你感恩戴德了。

如果是小品牌被经销商偷偷选中砸低价，我觉得对企业来说是一件好事，推广本身就要付出成本，何况经销商自己偷偷摸摸干，还不好意思找你要补贴，你何不睁一只眼闭一只眼，坐享其成呢？

对于这种促销低价，最怕的是其他经销商看到了低价促销，集中跟进砸价，把一场阶段性的促销演变成一场报复性的砸价竞赛。

（二）报复性低价

同一个区域，A 经销商看到 B 经销商弄了一个促销低价，认为 B 经销商抢了自己的生意，所以自己也报复性地斗价。对于这种报复性的砸价，销售人员应该如何应对？

"壮哥，赵总砸价是不对，您提报的材料公司也已经受理，处罚通报这两天就会出来。您现在一砸价，海报一贴，到时候赵总也找人过来拍照、上报，您不是授人以柄吗？到时候处理完赵总，还得处理您。"

处理报复性低价的动作要求是站在经销商的位置上，为他考虑这样做不值。我们品牌谁低价就处理谁，没有必要拿一个严打低价的品牌报复同行。

（三）清仓式低价

砸价最怕的是"不干了，回家过年了"一类的清仓式低价，因为人家一心求死，你还吓不住了。对于这类低价，控制货源是关键，坚壁清野，才能正本清源。

我知道有家经销商，和企业闹翻后，就是不让企业收货，挂着样品把价格打到最低。你过去一问还没现货，然后劝说你买其他品牌的产品。厂家后来想了一招儿，把这个低价经销商的主推品牌买了一些样品回来，打了个更低价，对着打擂台。最后没办法，经销商毕竟要靠生意养家糊口，这个经销商也只好答应厂家正常收货。

不管清仓式低价有没有恶意行为，这种低价行为都对周边经销商的正常经营产生了影响。除了将周边的经销商团结起来，防止趁机甩货或提供低价货源外，还应该适当地给周边经销商一点甜头。

（四）工程型低价

家居建材产品的工程型低价比较常见，也就是通过低价的方式抢单、撬单。由于这种做法都会有明确的报价单出现，也容易成为经销商投诉的对象。甲方为了压价，也会多方询价，有些经销商前期不公关，到关键时刻一听到询价，以为低价就能搞定大单，结果甲方只是拿着他的报价要供货商降价，白白吃了哑巴亏。

对于工程型低价，一是要有严格的工程报价、报备制度，理清项目归属权的问题；二是一旦有低价抢单行为，露头就打，而且要严打，广为宣传；三是工程产品要分列，即使产品本质一样，至少包装上面和型号上面要独立，不能让甲方轻易在市场上询到价；四是工程项目的人员要学会在项目中导入订制品，这既是操作利润的来源，也是产品保护的一种方式。

（五）窜货性低价

低价和窜货其实是一对孪生兄弟，惩治窜货的办法就是打击窜货性低价的方法。

（六）投机性低价

投机性低价是什么？门店好不容易来了订单，消费者左挑右选最终要买单了，消费者提出了再次便宜一点的要求，经销商觉得不便宜单子就得飞了，认为低一两次价，销售单据上又不标明具体价格，只写总额，神不知鬼不觉。谁知还是被人投诉给企业，这种情况怎么办？

对于这种投机性低价，一是要提高他们处理价格异议的能力，把消费者价格异议的原因和答案总结起来，做成手册，发给他们，消费者随便说说怎么应对、消费者预算不够怎么应对、消费者怕上当怎么应对等。总之,把消费者问答做成 Q&A 的手册,经销商也乐意接受这样的培训和指导,经销商也不愿意降价;二是有条件的时候,建立"神秘访客制度",让经销商看谁都像神秘访客,不敢轻易降价;三是对于投机砸价盛行的地方,签订价格协议、收取价格保证金、提高出厂价再返还等都是有效的手段。

二、如何管理高价

我曾经在《用数字解放营销人》里模拟过一个场景,在相同条件下,厂家比商家更有降价意愿,商家比厂家更有涨价冲动。经销商通过涨价多收益 1 元,是以厂家损失 2 元的收益为代价的,所以管理高价比防止低价更能提高企业的现实收益。

经销商在什么情况下喜欢卖高价?方圆十里,就这一家店有这个品牌,消费者还要购买这个品牌的时候;左右门店十几家,就这家店里有这个品类的时候;宰一个算一个,蒙消费者不懂行情的时候。而且有经销商卖高价成精,开的收据上也不标明价格,只写型号、数量、总价,让消费者事后核对也无从查起。

高价好不好管?其实不好管,因为卖低价有经销商相互投诉、相互监督;卖高价的时候,其他经销商巴不得你还能再卖高一点。消费者高价买了吃了亏,多半自认倒霉,只会私下传播,鲜有投诉到公司的,企业也因此吃了哑巴亏。

要防止经销商坐地起价,进入一个市场的时候,尽量不要独家,一旦独家,10 个经销商有 9 个都会卖高价;喜欢卖高价的经销商任务增量,一定要比区域平均增长率高。当然,有条件的企业还可以将一些特价品的零售指导价格印刷在包装封面上,虽然有些经销商为了卖高价会故意把零售指导价粘住或划掉。

第五节　开拓新渠道，老经销商"碰瓷"怎么办

传统意义上的渠道冲突实际分为三种：一是不同渠道共享相同的SKU，造成产品冲突；二是不同渠道的经销商共享相同的区域，造成网点冲突；三是不同渠道的经销商共享同一品牌，造成品牌冲突。这样分是因为在现实的家居建材冲突中，三种不同的冲突原因解决的冲突手法也不一样。

比如，由于共享SKU造成的产品冲突，企业真要下狠心解决，将产品进行区隔，分包装、分型号都是常用之法，有了渠道专供产品。但我们依然看到不同渠道的经销商相互拆台："你们那个××渠道的产品，价格低成那个样子，叫我们怎么卖货？别说完成任务了，现在我这家店的生存都成问题了。"

由于共享区域造成的网点冲突，多半是有些网点性质很难一言以蔽之。比如，在建材行业最多见的是专卖渠道与五金渠道，如果一个大的五金大户单独辟出一个大店面积进行专卖陈列，你说他应该属于专卖渠道还是五金渠道。有的企业采用谁开发谁受益的原则，最后就造成不同渠道的销售人员跑马圈地，不愿精耕细作，都想着法儿往大店里塞货，一个看似能够解决问题的招儿，却进一步激化了矛盾。

即使分了产品、分了网点，很多企业出于宣传效应的考虑，实行单一品牌策略。不同渠道的经销商，虽然拿着不同包装、规格的产品，但是在统一的母品牌背书下，一样抢单、砸价、冲网点。所以，有些企业

采用了子品牌策略，不同渠道、不同产品、不同规格、不同品牌，但依然看到经销商在消费者面前相互诋毁："你别看是一个牌子的东西，他给你的东西都是用边角料做的。价格低是低，但厂家的销售人员都说那东西是垃圾，你还敢拿着用？装修材料出了问题，你重新翻新、维修都得多花钱，这个账你一算就明白了。"

只要是蓬勃发展的企业，我还没见过一条渠道走到黑的主儿。多渠道发展，新渠道做不过老渠道的事情却比比皆是。新渠道的销售人员没业绩、没地位、没尊严，老渠道的销售人员各种冷眼、各种歧视、各种幸灾乐祸。新渠道青黄不接，老渠道又不能独挑大梁。渠道人员之间明里暗里地相互较劲、掐架，经销商之间各种黑幕、各种虐心司空见惯。

面对企业内部都解决不了的渠道冲突，区域销售人员在面对不同渠道经销商之间发生的冲突，凭什么劝说经销商化干戈为玉帛？优势渠道的销售人员还能凭借渠道积累说服经销商，弱势渠道的销售人员是不是只能干抹眼泪急跺脚？

第一个问题，区域销售人员能不能彻底解决渠道冲突？我的观点是，从管理层级上说，渠道冲突，区域销售人员只能缓解，无法根治。

只要企业决定设立不同渠道，就一定会有冲突，退一步讲，即使企业只有一个渠道，只要设立两个以上的经销商，也一样会有冲突。所以，表面上看是不同渠道之间的经销商之间的冲突，实质上是经销商之间的利益冲突，有没有渠道分立，这个冲突都会以各种形式表现出来，渠道只不过给了经销商一个借口而已。

既然渠道冲突不可避免，在区域拓展新兴渠道，区域销售人员如何操作才能将冲突和阵痛降到最低呢？

企业发展最大的阻力是什么？是惯性。我看到有些企业开拓新渠道，一上来就明确要求不能开发原有经销商承担新渠道的拓展任务。确实，每个渠道都有自己的渠道特点，对需要的资源和匹配的团队有很大差别，一般来说，原有经销商是不适合新渠道开发的。但是，我想提醒大家的是，因利益驱使，人看见好东西、新东西，先想着往自己怀里揽。这和经销商看到有新品牌到自己的市场来，不论好坏，以最小的代价纳入自己名下一样。等到发现揽到自己怀里的东西是烫手的山芋的时候，他就会主动往外推了。

区域销售人员开发新渠道也要遵循这个道理。当然，不是说分产品、分网点、分品牌在新渠道开拓中做了没用，而是应该如何把握时机的选择、推进的节奏。

企业有了新渠道拓展目标，经销商会不会接？对于大品牌和成熟品牌，很多经销商恨不得全国就他一家经销商，企业要拓展新渠道，经销商知道这个趋势不可逆转，自然不希望有其他渠道的经销商在自己的地盘抢食。

所以，新渠道拓展最大的阻力来自老渠道经销商的虎视眈眈。你不让他去碰碰这个烫手的山芋，他的思想工作就做不通。我认识一个做化工的老板，辅料渠道销售已经非常稳定，准备去做车品市场时，做的第一个决定是先让各个区域把最大的经销商找来，优先让他们做新渠道的经销商。我说："渠道不一样，车品市场能做得起来吗？"他狡黠的一笑："我当然知道他们做不起来，但我现在的生意基本是靠着他们做起来的，做新渠道得先让他们想通了，得到他们的支持。我的做法也只是用时间换空间，不让他们受挫，他们就不会放手。"我只能说这个老板太了解人性了。

经销商接了这个渠道，当然要有相应的考核，这是防止经销商后期"碰瓷"的关键一步。配人、配硬件、配资源，销售指标分渠道考核，多大的头戴多大的帽子，只要考核达标，这些争着抢着要新渠道的经销商，估计就像孙悟空头上的紧箍咒，戴上去容易，摘下来难。

经销商试了这趟浑水的深浅，知道怎么回事了。等到第二年去和他

第四章
渠道冲突的本质是渠道力量的变化

们谈指标、签任务的时候，一是要告诉他们公司领导说了，新渠道拓展有负众望，经销商的能力亟待提升；二是今年的指标只能涨不能降，支持力度可以增加，销售力度不能下降；三是对多渠道经销商实行"连坐考核"，也就是新渠道做不好，老渠道即使100%完成，总量考核也会受影响。这样一来，估计50%的经销商会主动放弃了。

有了第一年的基础，企业在新渠道拓展上也积累了相关经验。第二年就要开始正式引入匹配的经销商，分产品、分网点、分品牌是建材渠道拓展的三个关键节点。一上来就分产品、分网点、分品牌，渠道里肯定是鸡飞狗跳、人仰马翻，企业也一定会形成大量的资源浪费。但是经过第一年的磨合，"三分"的工作有了一定的基础，也成了支持新渠道发展的重要资本。

那些第一年垫底的经销商，是不是就此让他们完全退出新渠道了？未必，新渠道的拓展没有一定之法，老经销商在第一年的拓展中很可能有一些意外的收获，这些收获是指未在企业规划之内的收获，很可能成为企业新渠道拓展的新机会。比如，意外的成功、意外的失败之类的信息，让有这样经历的经销商保留在队伍里，给一些特殊资源支持，既可以减少老经销商反对的阻力，也是企业拓展新渠道的一支奇兵。

做了这些工作后，经销商是不是就不反对开发新渠道了？肯定不会，他们还会说价格乱、产品乱、渠道乱。但是，商业是用结果说话的，让你做一团糟，别人却是风生水起，这个社会只尊重强者，而不会欢迎莫名其妙的搅局者。通过让经销商一试身手，他们更能站在新经销商的角度、企业的角度看待问题和考虑问题。

还是那句话，让老经销商去试错，真有合适的机会也不用拒绝，这对企业开发新渠道是一个很重要的态度。优胜劣汰、适者生存是基本的市场法则，先礼后兵、举贤不避亲也是企业与经销商共存共荣的基础。

第六节　经销商大户强要政策，给还是不给

经销商大户向企业强要政策的事，大企业的情况好点，中小企业估计都遇到过。更何况，大企业也是从小企业一步一步走过来的，没有10年低眉顺眼好媳妇的经历，谁都成不了颐指气使的恶婆婆。

年头月尾，企业会给经销商算账，牛的经销商也会给企业算账。有的是忙了一年真亏了或者是赚少了，有的纯粹是依仗着自己在企业的体量要横强要。当然，伸手要政策之前，自然是估量了双方的实力和底牌，不然也不敢亮这一嗓子。

头疼的是厂家。同质化竞争，产能过剩早就不是一两天的话题了。2010年以后，经济的下行压力让做实体的企业老板苦苦支撑，能撑过2015年的中小企业就已经很强了。突然某个曾经的亲密战友——大户经销商两手一摊，让小弟带话："今年我一个人给你们厂做了3000多万元的销售额，现在行情这么不好，是不是要额外给我一些奖励？一句话，整体销售额的3个点，不然，明年我恐怕很难再主推你们的产品了。"唐突之极，却又很难一口回绝。

对于这个问题的处理，先分客户再分企业。首先这个大户是三天两头就强要额外政策，还是偶尔一次向企业伸手。如果是"惯犯"，总想着占便宜，那就长痛不如短痛；如果只是偶尔伸手，企业又有资源，额外奖励大户也未尝不可。即使企业没有资源，就发点精神奖励，比如，"全国最佳年度合作伙伴""大中华区TOP10经销商"之类的牌匾，也不失为一种弥补，毕竟愿意与你合作的人，只要还有钱赚，就能体谅你的难处。

第四章
渠道冲突的本质是渠道力量的变化

分完客户分企业。大企业可以"横点"。企业的江湖地位摆在那儿，大经销商如果因为一次特殊政策敢撂挑子，这个挑子迟早都会撂。现在动手，对企业的危害最小。对于小企业，幸福的主动权完全掌握在大户经销商手里，一定要让经销商明白，不给是常态，给才是例外。我的建议是，有资源就学发展中企业忍辱负重；没资源就学大企业早断早了。

当然，要断也不能说断就断，毕竟市场要持续发展，大户手下成百上千的网点，不能因为这点小事"一朝回到解放前"。大型建材家居企业 CRM 系统比较完善，核心重要网点都在自己的手里。小企业处于求生存阶段，生死都捏在个别大户手上，有些小企业，一个大户占出货额的 60%～70%，甚至 70%～80%，经销商大户还在伸手要，问我怎么办？我问总共有几个销售人员，回答总共 3 个，其中一个还包括他自己。3 个销售人员能做 5000 万元，从人均产出来说也是行业奇迹。5000 万元的企业，能"养"出一个 3000 万元的经销商，这是病入膏肓、无药可救，战略上犯的错，不能用战术买单。如果还能赚钱就凑合着过，如果想蜕变，向发展中企业学习，向死而生赌一把也是选择之一。

处理起来最麻烦的反而是那些发展中的企业，对于大户强要政策的行径，我送八个字：忍辱负重，韬光养晦。无论是"惯犯"还是"初犯"，不仅得给，还要给得欢天喜地、锣鼓喧天。只要明年还想继续做生意，大户经销商敢这样有恃无恐地伸手，你手上的底牌是什么，想必人家非常清楚。所以，这个问题的关键是经销商大言不惭地要，你该如何顺水推舟地给。

一个一年做了 3000 万元销售额的经销商，绝对不可能是零售商（大型商超和电商除外），他身后一定有大大小小的网点和二级批发商，这些网点才是他和你叫板的资本。其中有些"死忠"网点，由于特殊的利益关系和大户结成铁杆关系，企业动手之前，不把这里面的道道摸清楚,死相会很难看。

第一步,既然不得不给,不情不愿地给不如大大方方地给。企业面对大户要政策,既然退无可退,何不直接面对;既然要直接面对,何不给得痛快、拿得舒畅。让经销商拿了好处,还记得你的好处,不光记得好处,还到处说你的好处。所以,当经销商伸手的时候,你一定要记得说上一句:"赵总,你不提我也正准备跟您说这件事儿,您看一年到头,您忙前忙后,我们合作相当愉快,公司现在正在考虑给您这样的大户一些额外的激励,具体的政策等出来后我再给您透底。我也正想听听您的需求……"

第二步,既然决定给,偷偷地给不如大张旗鼓地给。有些企业给政策,公私账目一对接,几万元、几十万元的政策就给出去了,其中给现金是最傻的。我建议在大户经销商所在的区域召开经销商大会,在经销商下辖的网点面前,让企业集中亮相,这也是在大户经销商所辖区域宣传企业的最佳时机。当然,把大户下辖网点客户叫过来的目的有两个:一是告诉下辖网点,我对大户可谓仁至义尽,选择我们企业没有错;二是可以趁机借交换名片和电话的方式,将下辖的网点资料彻底梳理和统计一遍。所以,不要感叹站在领奖台上的经销商,因为长江后浪推前浪。

第三步,既然大张旗鼓地给,给政策不如给奖励。给现金不划算,给产品可能祸害市场,最好的选择是用耐用消费品做奖品,经销商日常用得到,用一次就记一次你的好,比如,汽车、电视、手机等。这也是为将来翻脸,大户经销商要横时,多一份冷静和念想做准备。

第四步,既然是给奖励,就得学会找经销商要承诺。钱,不能给得不明不白;奖,也不能颁得不清不白。在奖励大会上,本着一颗治病救人的心,让经销商明白"苦海无涯,回头是岸"当然是皆大欢喜的事。即使不成,在大会上让经销商上台发言,在仪式感超强的会议现场,经销商抚今追昔,强调正面、积极的因素是必然选择。在会议现场,经销商对企业的承诺即使是口头承诺,也能为企业发展赢得时间。

第五步,做好最坏的打算。敢强要政策的经销商大户也休怪厂家两面三刀,生意就是江湖,江湖就讲人心。偶尔要一次政策,可能是遇到了困难,经常要额外政策的大户就不得不防。销售人员遇到反复强要政策的经销商就要想:这个经销商的下线在不在自己掌控之中,这个经销商的核心市场有没有备选客户,经销商是呆滞品库存大还是畅销品库存大,关键下线和大户之间有什么特殊利益。一旦被确认为"没事三分横"的大户经销商,还不得不合作时,在资源投放上就要实行"三多三少"原则:多给人员支持,少给促销支持;多给实物奖励,少给货物奖励;多给虚名和抬头,少给地盘和渠道。

经销商无利不往,做销售就是分钱、分人、分天下。只要能把长期和短期的利益看清楚,给与不给其实不是一个很难回答的问题。

第七节 经销商联合抵制进货,如何预防与应对

企业做大了,话语权强了,或者是企业还不太大,但是处于快速成长期阶段,会不会出现某个地方几个、几十个经销商向公司提出某项特殊诉求,否则将联合抵制进货的意外事件?估计很多企业都遇到过,只不过对抗的激烈程度有所差异。在经销商管理中,我们把这类以抵制进货为由头的事件称为经销商的群体性事件。

经销商为什么联合抵制进货?是不是货不好卖?肯定不是,恰恰相反,应该是货非常好卖的市场反应。如果货不好卖,直接不进货就是

了，何必唱一出联合抵制进货的大戏，因为一个人不进货，动静太小，怕厂家看不到。联合起来抵制进货，一是厂家占据话语主导权，经销商只能联合起来才有与厂家对等的对话机会；二是抵制进货不是目的是手段。

所以，处理这类问题，原则性与灵活性要兼备。既不能让经销商觉得"闹一闹，就有效"，从此一发不可收；也不要让经销商觉得这个企业太不把自己当回事，什么事情都没有商量的余地。销售人员谈判要坚持一个基本的观点：商业活动，没有什么是不可以谈的，关键是用什么交换。

孙子曰："故我欲战，敌虽高垒深沟，不得不与我战者，攻其所必救也；我不欲战，画地而守之，敌不得与我战者，乖其所之也。"经销商管理的冲突处理就如两军对垒，既分事中的"战与不战"，也分事前的"攻其所必救，乖其所之也"。

发生经销商联合抵制进货的群体事件，不是厂家的某项政策成为事件的导火索，就是某项政策损害了经销商的共同利益。可见，这类事件在新政策导入的时候最容易引发，如产品涨价、进货起订量增加、引入新的渠道商、费用执行新规等。从预防的角度说，也有三个方面要注意：经销商管理的民主与集中、经销商的社群运营、在经销商中安插"眼线"。

一、如何预防

（一）经销商管理的民主与集中

经销商管理也讲究民主与集中。很多人说，你对经销商讲民主以后，就没有办法干活了，因为任何政策都是在经销商头上加了一个紧箍咒。你说 1000 元起送货，他们说门槛太高；你说要开发五金渠道引入新的经销商，他们说市场价格肯定会乱。好像一旦民主，什么事都做不成了。我们在推动每项区域性政策之前，与经销商私下沟通其实是一种变相通知。有几个经销商会认为，厂家离开了自己一定会完蛋的，少之又少。有几个经销商认为，只要自己反对，厂家的这项政策一定不会执行，少之又少。有几个厂家认为，自己的政策就一定 100% 有利于市场，少之又少。有几个厂家认为，任何政策都一定是对厂家有百利而无一害，少之又少。所以，民主就是在政策推动之前，让厂家和商家都有一个心理准备，同时，尽可能减少政策执行后对经销商和厂家的矛盾冲突。

经销商管理的民主与集中，就是在政策，尤其是重大政策推进之前，务必学会一对一的与经销商沟通，在每次沟通时，学会问一句话："赵总，如果执行这个方案，您觉得我们在执行过程中必须注意什么？"通过经销商的反馈，也能弥补政策制定的漏洞，减少政策的"硬着陆"，实现"软着陆"。

（二）经销商的社群运营

现在很多企业都利用微信、QQ 建立了经销商交流群。但事实上大多数企业都疏于对这样的信息群进行管理。如果有经销商在群里发牢骚，企业不能及时引导，导致其他经销商跟进质疑，一句牢骚就会演变成舆论焦点；或者是企业长期在群里潜水，没有话题引导，导致经销商认为在群里说话不方便，另立山头，企业管理的经销商群就"虽生犹死"。

经销商社群的运营，如果没有明确的发展计划，在今天这个信息发达的社会，建不建这个群其实意义不大。建群，反而弊大于利。无管理人员、无内容运营、无反馈机制，这样的"三无"群容易成为经销商抱怨的垃圾桶，也容易引发经销商的群体不良情绪。所以，对于这样的群，要么不建；要么把它做成"死群"，尽快解散。

那么社群对于经销商管理是不是一点用都没有呢？也不尽然。针对某个事件建立临时主题群，尤其是正向主题的临时群，也是一个不错的选择。比如，"企业20周年庆筹备群""全国性国庆大促交流群""《2016年导购技巧培训手册》宣导群"等，但是要注意运营一段时间后及时解散。

1. 群一定要有主题，主题越明确越好。管理员应该随时提醒群员不要发表与主题不相关的内容。

2. 群要学会升级，要么通过变换主题升级，要么通过提高准入条件升级，筛选掉那些负面情绪太多的经销商成员。

3. 死群、过期群、临时群一定要及时清理、解散，不要成为某些群体事件的"定时炸弹"。

（三）在经销商中安插"眼线"

预防经销商扎堆闹事，民主集中制只是解决了企业的态度问题，群管理只是解决了事件发生的概率问题。经销商真要闹事，你就算一个个征求意见了，也可能找不到闹事的根源；就算你不建社群，经销商自己也会建群讨论。预防措施中最有效的，还是在经销商当中安插"眼线"。

"眼线"也分为两种：一种叫"上眼"，多是由某个经销商承担；另一种叫"下眼"，多是由经销商某个不起眼的员工来承担。

无论销售环境多么简单的区域，区域销售人员都应该有一个铁杆的经销商，他可以是区域的标杆、表率，也可以是你的老乡、故交。这个经销商不仅要成为你政策的支持者和追随者，也要成为经销商中的"眼线"。经销商内部有什么事情，他很可能不会直接告诉你，但他多半会提醒你,这就是"上眼"的价值。

还有一种"眼线"叫"下眼",他一般是由经销商底层的员工,比如,订单员、导购员、基层销售之类的人员充当。因为他们是和企业直接打交道的人,本身又是经销商的基层员工,销售人员只要稍用点心思,就能和他们建立起良好的关系。和他们打交道保持一个原则,叫尊重先行,把尊重做好了,其他问题都不是问题。一旦经销商有什么风吹草动,他也会给你通风报信。

二、如何应对

预防经销商的群体性事件是理想状态,但是很多时候,我们不得不面对已经发生的经销商群体性事件。那么应如何处理这一问题?

(一)上门对话,而不是等对方找上门

处理群体性事件要有姿态,所谓姿态,就是要主动上门,而不是等一群人到企业总部或者办事处。

上门的好处在于,让经销商感觉到我愿意听你说,你认为是上门"负荆请罪"也好,还是上门"微服私访"也罢,比经销商逼上门,今天不解决我就不走要好得多。

(二)分开一对一了解,而不是一对多的集体对话

上门对话,有些企业比较"官僚",总部或者区域在地方上组织一个经销商座谈会,让所有参与闹事的经销商一起"面对面"谈问题。这种方法好不好,我不能一概而论。在一对多的谈判中,企业要想在会场解决问题很难。

一是人多嘴杂，企业就算是想控制话题方向，恐怕也是众口难调。某个经销商在现场很可能由 A 问题引出了 B 问题，又由 B 问题引出了 C 问题，"解决问题大会"成了"制造问题大会"；二是聚在一起，负面情绪容易酝酿和集中，而且容易让经销商产生"还是人多力量大"的感觉，一旦引导不当就会激化矛盾。

（三）从小弱经销商安抚起，从最容易解决的地方下手

与经销商上门对话的顺序也是有讲究的，是不是从最大的经销商入手？是不是从闹得最凶的经销商入手？都不是，应该从最小、最不起眼的经销商入手。

为什么？首先，最小、最不起眼的经销商平时受到重视的机会比较少，企业放低姿态首先从他开始，经销商对待诉求这个事件的心态更理性，叙述整个事情的来龙去脉也会更客观。其次，企业优先考虑他的感受，他也会成为被攻破的堡垒，即使他不表态反对联合抵制进货这件事，他也会趋向中立。

（四）除了这个诉求，还有其他需要解决的问题吗

经销商联合抵制进货这种群体性事件的主要诉求，有没有可能完全满足经销商的要求？我只能说这种可能性很小。就算是经销商以进货为要挟，要求辞掉某个区域销售人员，只要是区域销售人员没有营私舞弊、贪赃枉法，只是工作方法与技巧的问题，也不可能完全满足经销商的诉求。

为了缓解矛盾、减少激化，对于大型冲突事件的处理，还有一个基本技巧，就是选择性地解决经销商的某个替代性需求作为备选，以平衡经销商的心理。

所以，在一对一的拜访中，最后需要问一句："赵总，除了这个诉

求,还有其他需要解决的问题吗?"

(五) 有问题解决问题

在现实冲突中,有没有可能是区域销售人员有违规的操作,导致经销商利益受损的?当然会有,尤其是销售人员利用信息不对称吃、拿、卡、要,只压销量,不做助销,导致区域市场民怨沸腾,厂家趁势割掉毒瘤也是皆大欢喜的事情。

这种问题的处理需要注意,不仅要拿掉问题人员,问题人员的下属人员也要调离该区域,进行换岗,而不是拿掉一个问题人员了事。

(六) 拿人头祭销量

有没有可能遇到厂家不当机立断,不撤掉两个人就无法平息众怒的情况?有时候,你无法用对错来解释,只能照顾情绪;或者即使错不在销售人员身上,也不得不先做出把人员调离的决定。这就是销售人员心比天高,命如草芥的可悲之处。

用区域销售人员的"人头"换取销量,既是不得已的方法,也是最悲情的方法,但是这在一些快速发展的中小企业里并不少见。

第八节 渠道冲突的最高表现
——经销商裁撤时如何平稳过渡

中国的经销商是什么样的群体?

简单点说,从20世纪80年代初的个体户到21世纪的贸易商,崛起于草根,发迹于里巷。中国的经销商老板是过去被排斥在体制之外,没人脉、没背景、没资源、白手起家的普通大众。随着社会观念、财富分配的变化，绝大多数经销商靠着勤奋和胆略，积累财富，改变生活，赢得了社会的认可。

复杂点说，经销商这个群体，说藏污纳垢有点过，龙蛇混杂却是恰如其分的。做过经销商的人自然知道，管过经销商的人也多少心里有数。不按规矩做事、不按套路出牌，耍横斗狠也是常事。我有一个同事在十多年前，因经销商裁撤问题被打得头破血流、桡骨粉碎性断裂，直到今天还有三根钢钉取不出来；也有的同事因为进货纠纷被经销商打得满头是包，时至今日也不敢再去某地。

销售人员与经销商打交道会不会有矛盾冲突？牙齿还没事儿咬一下舌头，何况是代表各自利益的厂商关系。有些销售人员一味地采取连哄带骗、威逼利诱的方式耍手段，无疑是给自己埋下了一颗定时炸弹。

一、不激化矛盾的最保守策略就是慎用生杀予夺之权

厂商矛盾最高级的形式是裁撤。经销商是靠贸易吃饭的，动辄裁撤，这是在端人家饭碗。所以，销售人员裁撤经销商要慎之又慎，我常说的一句话是："对你而言，可能只是百分之几的客户流失率；对经销商而言，却是百分之百的死亡率。"

还要强调的是，裁撤经销商是不得已而为之的事情，孙子曰："战胜攻取而不惰其功者凶，命曰'费留'。"裁不裁经销商是一个利弊权衡的过程，在日常的经销商管理中，我们很多时候将裁撤经销商作为解决问题的唯一手段，或者是人为地将这个手段的作用放得太大，导致经销商管理的思路掉进了死胡同，也把自己逼进了死胡同。

二、总部的销售管理人员如何避免制造冤假错案

我曾经管理过上万个经销商,面对每个月5%左右的客户裁撤率,自己的手也批得发抖,这可是几百户经销商就此与企业分道扬镳了。坐在总部,你根本没有办法确认这个客户是该撤还是不该撤,这个流程是该批还是不该批。后来为了安慰自己,增加了一张客户裁撤报表,让区域销售人员提报撤销申请时一并提交,后来发现,这种报表好像没用,销售人员为了裁掉一个经销商,你有十万个为什么,他就有十万零一个理由给你。

这个问题如果是死结,中国的经销商群体也不可能发展到今天的规模。凡事有结就有解,在实践中,要解决这个问题,我发现有两招儿比较好用。

(一) 拖

当区域销售人员将撤销申请提交上来后,先别急着批。在裁撤经销商的问题上,很多销售人员自己都没有想清楚,处于非此即彼的选择中。很多销售人员其实是没有勇气面对总部的责问和质询,所以提交申请以后,也是在观望总部的态度。那些撤也行不撤亦可的申请,时间久了,销售人员慢慢想明白了,自己会主动撤回;那些既不驳回也不通过的申请,只有真正想明白的销售人员才敢主动和上级沟通,寻求支持。这时,我就要用第二招儿。

(二) 直接打电话核查

为了避免冤假错案,在经销商的裁撤流程中,我增加了总部督导人员的电话审查环节。也就是面对提交上来的流程,督导人员会直接与被

撤经销商电话沟通，确认经销商的知情状态，包括撤销事宜、原因和经销商表态。有些确实是因为经销商自己放弃或者门店变更等自然原因，流程就可以快速通过。而一旦出现和销售人员提报内容不符的情况，要么用第一招儿，要么直接驳回。

三、对于区域销售人员执行裁撤经销商，我建议坚持三个原则

（一）能不撤，就不撤

很多销售人员做区域市场调整，总认为必须撤掉老客户才能让新客户更好地成长。很多时候也是迫于对新经销商的承诺，要将烂尾市场打扫干净。任何经销商完不成任务、达不成销量，销售人员多少也有一份责任。在决定撤掉一个经销商的时候，你得问自己是不是撤掉这个经销商以后，这个市场一定会更好？

（二）就算撤，也要慢慢撤

在人力资源管理中有一个观点，叫作"慢进快出"。一个人要进入一个企业时，要花大量时间考核，不要急着引进；如果决定辞退一个人，就要用最快、最短的时间让他离开公司。很多人将这个理论应用到经销商管理中，把经销商当员工管，唯独忘了经销商恰恰不是员工。经销商有库存积压、有资金投入、有网络经营，你二话不说就撤掉，是谁都会生气。市场不到非此不可的境地，整改、库存消化、配套扫尾，心怀善意总会多结善果。

(三)慢慢撤,也要讲方法

很多销售人员裁撤经销商最狠的一招儿是断货,而且是不讲原因直接断货。这是直接捅人家的命门,逼着人家造反。经销商有蛮不讲理的,但是绝大多数还是正经的生意人,你要裁人家,你至少要告诉人家:"赵总,您总是不完成任务,公司对我施加压力。现在进入市场调整期,您暂时从我们的核心客户名单中剥离,销售任务我也不给您下了,但同时所有的市场支持也没有了。你只要不窜货、砸价,我们还正常给您供货,但是一旦查证您窜货、乱价,公司肯定就会将您拉入黑名单,我也只能帮您到这儿了。"对于很多非排他性的生意,经销商只要遵守市场秩序,并没有到非死不可的地步。通过降级和调整支持力度,事实上就是一个让经销商慢慢衰老的过程,不至于将矛盾在短期内激化。

四、区域销售人员裁撤经销商时,遇到喜欢惹事的主儿怎么办

当我们做完这一切,是不是经销商一定会记得我们的好?不一定,但大多数经销商都会理智面对。但万一你遇到喜欢惹事儿的人怎么办?

总部人员在处理这类事情上,相对容易一些。企业做的是全国市场,不靠一城一池。碰上这样的人,可以选择将这样的市场放一放,经销商要窜货,就全国市场,尤其是周边地区发通告,谁敢给××经销商私自供货,承担连带责任。经销商也要吃饭的,闹十天半个月也正常,闹两三个月也还能忍受,但长期靠砸价、窜货过日子怎么受得了?真要闹半年一年的,经销商自己都没劲儿了,没有几个经销商能熬得起。等

经销商冷静了,市场缓和了,厂家再腾出手来做市场也不晚。

区域销售人员也有痛苦点,因为自己就一亩三分地,如果半年不产粮,估计自己也受不了。这时如果必须要做选择,无异于火中取栗。碰上地头蛇式的经销商,要想裁撤成功,有两个法子可以试试:

一是找一个更有背景的经销商接盘。这里依然涉及两个问题:有没有经销商愿意趟这个浑水,如果新经销商又有问题怎么办?

二是找一个有官家背景的经销商。有官家背景的人做经销商,在建材家居行业有着得天独厚的优势。

有人说,既找不到有官家背景的人做经销商,又要把原来的经销商撤掉,怎么办?还是那句话,销售没有什么非此不可的事情,如果有,也是谋事在人,成事在天。在两难的困境下做选择,那就是没选择。

第五章

经销商促进，是提升渠道竞争力的重要途径

第五章
经销商促进，是提升渠道竞争力的重要途径

经销商成长的过程其实也是厂家成长的过程。相辅相成、相得益彰，这本是一件皆大欢喜的事情。但是，由于成长本身就是一件迫使对方离开舒适区的过程，挣扎和对抗必不可少。谁对谁错，最后只能用结果说话，但是否心怀善意，双方都能感受得到。

第一节 终端建设，如何增强经销商的配合程度

2004年，格力和国美的分手事件进一步强化了格力的区域经销制，从今天的结果来看，福兮祸伏。当年以低价"一招鲜，吃遍天"的国美已然风光不再，格力的专卖店体系却继续遍地开花，这也是今天董明珠敢于向电商叫板，继续深耕线下渠道的底气所在。

一个只能拿价格说事儿的渠道可以红极一时，但终难善始善终。2016年4月20日开始，淘宝网某些特定品类低于指定价格支付的订单，将不再计入销量和累计信用。低价也许是中国消费者的国情，但谁都知道那不是未来。

正因为低价不能带来品质提升和服务改进，线下专卖体系才能得以在连锁巨头和电商的双重冲击下继续前行。作为耐用消费品，尤其是家居建材产品，消费者绝不希望铺在地上的瓷砖，半年就开裂；藏在地下

的水管，三天两头就漏水；走线在天花板上的灯具，时不时爆火花。贪图低价省下的钱，还不够家里"开膛破肚"闹水灾时给水电师傅的辛苦费。

当年来势汹汹的家得宝基本撤出了中国市场，百安居的门店数量也缩减到三四十家，退缩到一线城市，东方家园 2013 年就传出了申请破产的传闻，而红星·美凯龙、居然之家则是典型的多业态融合的平台模式，专卖店模式依然是其主流业态。对于耐用消费品这种比较性购买的产品，在最好的地方建最好的店，专卖店仍然是一个不错的选择。

对销售人员来说，找一个好地点建一个好店，算是一劳永逸的事情。我一直强调，销售人员在网点升级这件事上，一定是有选择和主次之分的。对于耐用消费品，尤其是家居建材产品，要提高网点的终端建设配合度，让谁升级比如何升级更重要。

升级的目的是为了更好地卖货，更好地宣传品牌形象，比较性购买的建材产品尤其如此。因此，终端建设也只有在旺销网点推动，才会带来根本性的变化，连只卖十多元小玩意的"名创优品"都敢在三四线城市的步行街开店，针对性极强的建材产品建店还甘于撒胡椒面式的逮一个算一个吗？我曾经在终端建设上提出了"四个次于"标准，可以作为建材行业终端建设的推进维度参考。

（1）临街门店的位置次于建材市场的位置。

（2）新建材市场的位置次于老建材市场的位置。

（3）建材市场门店位于其他位置次于拐角位置。

（4）多品类经营门店次于只经营相关品类门店。

换句话说，也就是位于成熟建材市场拐角位置，只经营同品类（如只经营洁具产品）的门店，是第一批应该升级的重点。

解决了升级谁的问题，接下来就要解决如何升的问题。但即使合作多年的老店，也同样面临着经销商要么不愿建，要么建设进度慢等问题，我们今天所要讨论的就是如何解决在建店过程中遇到的实际问题。

一、经销商不愿意建店怎么办

一个新店或者是一个老店升级，销售人员去督促装新店，第一个面临的问题就是经销商不愿建的问题。经销商为什么不愿建？无外乎以下四个原因：

（一）品牌不够响

建材专卖店的建设，某种程度上说是"劳民伤财"的事儿。当品牌知名度不够高的时候，强迫经销商建专卖店，尤其是在新市场或者是独门独户的临街门店，不仅是把经销商往死路上逼，也是让自己的品牌自绝于人民。

我一直强调，建材产品是一个比较性购买的产品，消费者做材料采购时，如果缺乏足够的比较机会，他们就会采取最安全的做法——不做购买决定。新品牌在临街建独门独户的专卖店，或者是去新建的建材市场建店，消费者要么缺乏比较的机会，要么新市场本身还需要品牌带动人气，小品牌销售的机会更小。所以，当你的品牌不够响的时候，采取"寄居"策略是一个不错的选择。也就是我们常说的选择做店中店，也就是专区、专卖墙，或者是单纯的品类进驻策略。

要让经销商立即行动，现实的做法还有很多。我看到有些销售人员一旦和经销商达成了初步装修意向，第一时间跑过去想办法把经销商的门头、店招找借口弄一个窟窿。原有门店形象一旦被破坏，着急上火的就是经销商了："你怎么把我的店招弄坏了？我这还要做生意，你赶快把你们的装修方案拿过来，尽快测量、尽快装修，别影响我做生意。"

(二)补贴太低(或者叫没油水可捞)

你信不信,100%的经销商都说装新店亏钱,但是90%以上的门店装修在厂家的补贴政策下,经销商都捞过油水。改变建设标准、偷工减料的情况时有发生,只要睁一只眼闭一只眼,完全符合标准的门店基本不存在。你说五遍油性漆,刷两遍就不错了;你说需要12厘米的高密度板,给你用8厘米的高密度板就很够意思了。

对销售人员而言,要提高终端建设的质量,一是要有态度,事前要让经销商知道标准必须不折不扣地执行。二是要有灵活性,你说总部要刷五遍油性漆,是不是经过科学严格的论证?其实也是"拍脑袋"拍出来的。经销商如果少刷一遍漆,你是不是逮住经销商再刷一遍?我相信很多人都有自己的答案。你可以装作没看见,但是你得让经销商相信你没看见,一旦经销商知道你看见了不说,以后算是给自己找麻烦了。

经销商如果是因为补贴太低不愿意建新店,要么是想以此作为讨价还价的托词,要么是你的品牌还不够响。如果是前者,耐着性子磨,肯定会有结果;如果是后者,回头看看第一种情况的应对方式。

(三)装修的时间点不对

建材产品的销售旺季是下半年,我们常说的"淡季打基础,旺季抓销量"就是从这儿来的。一旦开始装修,经销商有15天至1个月的时间无法营业。如果经销商没有装修计划,你说服经销商装修基本不可能。

所以,要抓经销商的装修节点,一般有以下方法:

(1)将装修两年以上的门店作为重点跟进。

(2)每年下半年客户拜访时,是沟通次年装修计划的重点。

(3)经销商开分店、企业有新的VI系统发布,都是经销商计划装修的动因。

（四）与原有装修风格冲突

经销商一般都经营几个品牌，每个品牌的风格也存在一定的差异。你如果是经销商的主导品牌，经销商会以你的风格为主，不存在风格冲突的问题。如果你是一个新品牌或者是一个小品牌，你的装修方案与原有风格冲突了怎么办？

新品牌本身没有太多讨价还价的空间，你能够做的就是尽可能说服经销商做分区陈列，而且分区也一定要做隔断，让消费者一眼望去，有曲径通幽之感。如果做不到分区隔断，至少也要尽可能抢到橱窗位置和独立墙角位置，橱窗能够提高曝光率，独立墙角位置是消费者视线的自然极限，也能提高曝光率。如果这些都做不到，还有最次的一招儿，就是品类先进店，等机会慢慢渗透。

二、经销商建店进度慢怎么办

既然知道要上半年建店打基础，下半年借形象冲销量，我们自然希望经销商上半年都能把店建好。但是在实际操作中，经销商会因为装修师傅没时间、市场要统一规划等原因，将工期一拖再拖。结果是，原本规划的一年的装修费，到了下半年还剩70%~80%，然后就是年底突击花钱。一个2015版本的装修方案到年末才建好，2016年来了，刚刚建好的专卖店相较于新标准又落后了一大截。换句话说，起了个大早，赶了个晚集，刚买的新衣服过时了。

面对这种情况怎么办？我的经验是，年度的终端装修费要做到"一次预算，两次分配"。

什么叫"一次预算,两次分配"?就是你拿到年度终端装修费用后,也要制造竞争机制。年初按区域分配一次费用,到年中的时候,如果分配费用的使用未达到预算费用的进度,比如80%,属于该区域的装修费用就会进行二次分配,调配给其他区域。也就是告诉经销商,终端建设费用下来了,能做事会花钱的有更多的资源,观望不前的,日子只会更难过。

第二节　九招,让经销商从坐商到行商

坐在家里卖货的经销商是坐商,跑到店外拿订单的经销商是行商。

我在听销售人员汇报工作时,经常听到一句话:"经销商赵总的销售情况还可以,就是喜欢坐在家里等生意,不愿意做推广,说了多少遍也没用。"

问一个简单问题,是不是坐在家里卖货的经销商一定比不过主动走到店外做推广、拿订单的经销商?仔细想想,好像也不尽然。平台不一样,格局就不一样,不是人人都有资本坐在家里等鱼上钩,所以,有资本的时候得用足。

在经销商管理中,我们一直强调要让经销商走出去,好像只有走出去,经销商才能活得好。其实,这种想法忽略了三个客观条件:

一是走出去的前提是自家院子的篱笆得扎牢实。很多门店的内务都没有理顺就走出去找顾客,花了大量成本做推广,给人留下了一个极度恶劣的印象,消费者感叹"打死我也不来了",这与现在某些企业重营销、轻产品如出一辙。

二是忽略了消费者选择的主动性。在推广同质化的今天,行商有时

第五章
经销商促进，是提升渠道竞争力的重要途径

就是在"扰民"，用狂轰滥炸解决漏网之鱼，不一定是一个加分的选项。

三是走出去的收益要大于投入。很多经销商之所以不愿意走出去，是因为对未知的恐惧，怕吃力不讨好，而销售人员自己心里都没底，凭什么让经销商去赌。

在我们讨论如何让经销商从坐商到行商的话题前得先明确：一是并不是每个经销商都必须做行商；二是即使有经销商在你的威逼利诱之下仍然雷打不动，也不要除之而后快。五个指头伸出来还要分短长，凭什么要让每个经销商都得投钱、投人、投资源，做厂家心里都不一定有底的事情。坐商当然也能做，那些有着好位置、好形象、好导购的门店，在最合适的地方，以消费者最喜欢的形式出现，提高店内的成交率，要远比全面撒网、重点摸鱼强得多。在条件不成熟的时候强推行销，只能适得其反。

在经销商调研阶段，我们希望能找到根正苗红的行商。如果有当然好，省却沟通成本；如果不是，也不要否定人家。

到底先对哪些人进行改造？人家月月超额完成任务，店内指标样样高，你跑过去说人家没做市场推广不合格，没有做消费者活动扣返利，你说经销商愿不愿意？

从坐商到行商，不是要激化矛盾，而是要解决问题。问题在哪儿？就是那些有问题的经销商。什么才是有问题的经销商？有人说是那些完不成任务的经销商。我倒要问问，那个任务是怎么订出来的？凭什么说那个任务就是最高标准？既然没有人说得清楚任务是怎么来的，那么衡量一个经销商有没有问题其实只有一个标准，就是平均增长率。平均增长率虽然也不一定合理，但是相对合理。当经销商的增长率达不到区域经销商的平均增长率时，是逼迫经销商改变的最佳时机。

第一招，让资格成为资本，最常用的方法就是将客户分类。比如，

将客户按顺序分为金牌行销客户、储备行销客户、传统分销客户、外围分销客户。然后做一份客户意向选择表，将每类客户每年必须要执行活动的场次、投入的费用、配备的人员等各项硬性条件对应列出，让各个经销商自己选择准备进入哪个客户组。人往高处走，水往低处流，谁都希望自己进入更高的等级。通过这种方法，事实上获得了经销商的一个行为承诺。

第二招，身临其境才能深有感悟，带着经销商亲自参加样板市场的活动。有了承诺，还远远不能激发经销商从坐商到行商的动力，只有带着经销商参加一两次市场活动，让经销商看到"走出来"与"待在家"的差别，看到经销商与经销商之间的差距，在活动总结会上，特意将经销商弱项与样板市场的成绩进行对比，加深经销商的印象。

第三招，加任务。为什么销量越下降的经销商越要加任务？你只要还没有放弃这个经销商，你就应该给这个经销商同步提高任务。平均增长率是一个相对合理的空间，在任务压力之下，有一部分经销商会主动寻找销售突破口，由坐商改行商就是选择之一。

第四招，增加网点，提升竞争压力。有一部分经销商会在任务压力之下主动出击，先天不足，后天会比较努力。但是也有一部分经销商坐视不理，无动于衷。光加任务，他可能想着窜货、砸价的歪路子，也可能走上"死猪不怕开水烫"的老路子。这时，就需要通过在附近增加网点的方式，直接形成冲击态势。让经销商意识到，守在家里的生意只会越来越差，走出去才是不二选择。

第五招，让经销商"自谋生路"，故意疏远他。经销商为什么不愿意走出去？多半是认为自己的销售差强人意，尤其是靠着畅销品的销售和品牌。对于这样的经销商，原来一周拜访三次，现在三周拜访一次；原来打电话就接，请吃饭就去，现在看不见人了，让经销商感觉与企业越走越远，心里空落落的，还隐隐约约感觉是自己没做好。

第六招，将费用指标投到行商考核上。比如，过去做销量促销转为促销人员补贴，过去做进货奖励的转做团购支持，总之，你希望经销商做什么就考核什么。不做，就拿不到补贴；不做，就得不到支持。不仅让他心里感觉和企业越走越远，还让他实实在在地感觉到从企业得到的支持减少了。

第七招，加大经销商"行商"的固定投入。制造企业为什么转型难？因为绝大部分制造企业开展生产必须要有大量的固定成本投入，一旦投入以后，这些东西在经济学中有一个固定名词叫沉没成本。也就是不管用不用，这个成本都已经产生。有些企业把经销商的正常返利兑换成软硬件行销设备，如可以进行终端管理的手机和电脑；也有的企业把经销商的年终返利兑换成为LED的广告流动车，就是加大经销商沉没成本投入的做法。

第八招，从"做给他看"到"看着他做"。有些坐商之所以不愿意走出去，就是缺一个手把手的领路人。你给他看再多、说再多、刺激再多，他也很难突破自己。这时就需要销售人员亲自上阵，带着经销商的人走出去，做一个模板，并将这个模板进行培训、固化，带着经销商的人再做一次，看着他做，直至经销商的人员彻底掌握这套方法。

第九招，死给他看。八招使完了，会不会还有经销商软硬不吃？肯定有。前面就说过不是所有的经销商都应该做行销，也不是所有的经销商不做行销就只能以死谢罪。但是，凡是达不到平均增长率又软硬不吃的经销商只有两条出路：一是经销商真不愿意做，销售人员也没有办法，谁叫销售人员干不掉经销商。二是拿经销商开刀，让其他不愿行销的经销商看，也让天生好命、不用行销也能过上好日子的经销商看，为后续推进坐商变行商做铺垫。

第三节　经销商"不促不销，一促就销"，
　　　　是好事还是坏事

经常听到很多销售人员抱怨："经销商都成精了，不做促销不进货，做了促销也不紧不慢，挨到最后一刻还讨价还价，结果订单都攒到一块儿了。"

"不促不销，一促就销"到底是好事还是坏事？有些企业主一说到这件事，爱恨交织的表情就在脸上轮番上演，恨之深，实乃当初爱之真啊。

根据我的从业经验，"不促不销，一促就销"不仅是好事，还是大好事。为什么这么说？先给大家讲一个故事：

一个小男孩贪玩溺水了，被人救起来后，家里亲戚陆续赶来。做心肺复苏的做心肺复苏，做人工呼吸的做人工呼吸，家里人连掐带拽没少费劲，可这个小孩就是没有反应，全家人哭作一团。这时，不知哪儿跑来一只野狗，看见赤脚平躺在地上的小男孩，过去对着光脚就是一口。只听小男孩"哇"的一声，口鼻处喷出积水，高喊"疼死我啦"，全家人顿时破涕为笑。不仅没有因为狗咬人而驱赶它，反而从家里拿来几块猪骨头，让这只野狗美美地饱餐了一顿。

这家人为什么没有将咬人的狗暴打一顿？因为狗咬人后，全家人看到小孩还有反应，说明人还活着，这比什么都重要，这不是天大的好事是什么？

第五章
经销商促进，是提升渠道竞争力的重要途径

"不促不销，一促就销"的道理一样，说明身体没问题，企业底子还在比什么都强。怕就怕那种十八般武艺都用了，经销商一副"促也不销"的样子。

哪类企业这种现象最突出？多是半大不小，有发展机会，有上升瓶颈，产品有市场，渠道有通路的企业。从渠道发展的根源看，主要是以下三类企业：

（1）创业之初，顺做渠道的企业，以推为主。

（2）倒做渠道后，缩减人员，渠道控制力偏弱的企业。

（3）企业靠产品起家，渠道投入较少。

这三类企业渠道都有什么缺点？渠道话语权大，企业对终端基本处于失控状态。只是靠道德能管住的事，都不是市场经济范畴能管得了的事。换句话说，"不促不销"病症反映为渠道不畅，病因却是终端掌控不力。

经销商"一促就销"，经销商还愿意进货，说明终端有消费需求，产品有一定竞争力、有销路；"不促不销"说明在终端消费中，同类产品替换性强、竞争压力大。诸如建材、化工一类的产品，都有一定的技术门槛，终端老板的主动推荐和专业能力的背书对销售结果影响较大。

这个病怎么治？要学会从"一根筋"到"两头堵"，从过去只推渠道走到黑，到现在渠道、终端两头堵。

第一步，走访终端，确认产品在终端的实际销量、推荐流程、热销状况、主要竞品等基本信息，包括终端资料的梳理，这项工作的质量决定后期和渠道谈判的筹码。你会发现，零售商基本都在反映渠道商送货频率低、价格混乱、售后服务差的问题，找到终端存在的问题和机会，就是反制渠道的入口。

第二步，召集渠道商开会，以终端乱象为突破口，提出企业的渠道升级计划。让经销商在"要么经销商划小片区，企业增加新的渠道商；

要么企业协助现有经销商提升终端，新增网点"，两者之间做选择题。99%的经销商选让企业协助开发网点、提升终端，这就要共享网点和资料、共摊市场活动费用等。信息肯定要共享，费用出多出少可以谈，这就是一个团结的大会、胜利的大会。

开完会，渠道商会不会配合？经销商回去会不会感觉哪里不对？结果90%的经销商又打回了原形。开会有什么用？这叫王者之师，师出必有名。渠道下沉，盘活终端，乃为大势所趋，顺之者昌，逆之者亡。

第三步，在渠道商大会上找一个配合意愿好、体量中等的样本区域，按集中投入原则分摊费用、集中作业。借助终端推荐奖励和陈列奖励，帮助经销商做好两件事：新增网点和提升销量。这两件事都是可以量化，而且经销商还比较关心的事情，这种集中作业的方式可以"三天一小报，七天一总结"，在渠道商社群（如微信群）里公布，同时开展不定期的以销量、网点、利润等经销商关心的话题为主题的经销商经验分享。如"2天新增63个网点，他是如何做到的""赵总坐在家里，零售下线为什么还会拼命给他卖货""价格贵了30%，消费者还是指定××品牌，消费者这是怎么啦"。用经销商关心的问题吸引经销商，让样板区域的经销商现身说法，让经销商私下传播、讨论。当然，通过这轮"折腾"，除了做好前面两件事，也出现了第三个成果：帮助样板区域的经销商把"地方武装"建立起来。

有人说样板经销商很难选。我的经验是，愿意做样板经销商的都是八面玲珑、左右逢源的人。他们对在做样板过程中能得到的好处心知肚明，因此，他们既知道如何处理与厂家的关系，也知道如何正确地处理与其他经销商的关系。捧他做老大，他就一定会用老大的标准要求自己；捧他做模范，他就会用模范的行为准则规范自己。

第四步，全国复制终端作业标准。前期可以鼓动一些合作比较好的渠道商，在社群交流时互动、报名成为下一批的作业区域，引起其他经销商跟进。采取的方式则是设立整改费用资金池，用资金池总额除以未整改区域数，就是每个区域的标准整改费用。越靠前，整改费用越有讨价还价的空间，在实际操作中逐步瓦解反对者的阵营。

第五步，有了标准、有了推广，就是检核和督进。在全国大学生中找长相成熟的学生做"神秘访客"，对在门店销售中将企业品牌做第一推荐的、店面形象保持符合标准规范的拍照反馈（当然，这是一个"双盲拜访"，要防止店老板和学生联合起来作弊）。将某个特例包装成案例，重奖这个标准店并全国通报，声明：凡是店面形象保持标准，对"神秘访客"将企业品牌进行第一推荐的，按此标准重奖。让全国经销商看到每个消费者都像看到了"神秘访客"，主动做好主推和形象陈列。

第六步，做完形象，做销量。逐步减少进货奖励，而变成终端的陈列奖励和销量挂钩的推荐奖励。建材行业产品的特殊性决定了零售门店直控的 IT 系统基本没有看到很成功的例子，对终端进销存的监控一直是一个问题。如何让终端的实际销量与推荐挂钩，前期可以针对某些特殊单品进行手工填报，这些数据由渠道商收集，且要零售商和渠道商共同签字确认，经过公司"必要"核实后，作为零售门店的返利标准。

这个单品最好选择新品，或者是公司已经有一定量的产品（选择有利润、量比较大的产品，经销商才有填报的意愿）。手工填报的销售数据真不真实？肯定有问题，但这个数据可以和经销商的实际进货数据进行比较，就成了敲打渠道商的工具（零售商都想填大数据，渠道商会尽量缩小数据，但是零售商实际进货的数据在哪，双方会有一个平衡）。

第七步，实行终端提升的地区，可以用渠道促销和终端促销双管齐下的方法，让渠道商再享受点甜头。但是渠道促销要把握单品促销优于全品促销、不定期促销优于定期促销的基本原则，别让经销商找到你的促销规律，避免在促销前出现大面积的"滞销"。记住，促销的目的绝不仅仅是消化库存，这是很多企业常犯的错误。

第八步，对于极少数不做终端提升的死硬分子，怎么处理要看企业火候。要么留在最后，让他成为终端形象的孤岛，死扛到最后的概率很低；要么涉及客户的裁撤与更换，这就是另一个问题了，留到以后再讲。

这一轮下来，最终达到什么目的，大家可以参照以下标准：

（1）终端形象和主推是否提升？

（2）"地方武装"是否建立？

（3）经销商和销售人员要销量，是否开始向下（终端）看而不仅仅向上（企业）看？

第四节　促销方案应该怎么说，经销商才会听

经销商喜不喜欢自己掏钱做促销？很多人说不喜欢。其实这里有一个理解上的偏差，经销商不是不喜欢掏钱做促销，而是怕促销没效果，掏了钱也白掏。如果促销真的能够实现以量补利、以量增利的目的，没有经销商不喜欢掏钱做促销的。

为什么在现实的经销商管理中，经销商对你口中的促销方案不太感兴趣呢？厂家出资源的促销，能配合就配合、能截留一点资源就截留一点资源；对于要求自己出资源的促销活动，能将就则将就、能凑合就凑合、能躲掉便躲掉。促销成了鸡肋，食之无味，弃之可惜。

你如果是销售领导，最烦的是什么？下级平时没业绩，说话不利落，打报告只会写"要钱、要粮、要干活"，至于能不能做成，完全看

运气。这种报告递上来的时候,你是不是很想把他臭骂一顿,即使不是你掏钱。

我们回想一下,有些销售人员到年中、年尾回顾业绩、表决心的时候,即使没有完成任务,依然会被老板拍着肩膀说:"嗯,好好干!"而有些人则被骂得狗血淋头。如果抛开老板个人的好恶和私人关系,是什么原因使有些人在职场如鱼得水,有些人则如坐针毡呢?

形成这样的差异,用一句通俗的话形容就是:这个人靠不靠谱。也就是说,你说的别人信不信。如果我们能够清楚地告诉经销商:"我们做这个促销,不仅不赔钱,还能赚钱;不仅赚钱,还能和过去赚得一样多;不仅赚得和过去一样多,甚至有可能比过去赚得还多。"你说经销商愿不愿意听这个方案?经销商可能将信将疑。

如果你告诉经销商:"我们将采取哪些措施来保证你不仅不赔钱,还能赚钱;不仅赚钱,还能赚得和过去一样多;不仅赚得和过去一样多,甚至有可能比过去赚得还要多。"你说经销商会不会执行?

我们以两种截然不同的汇报形式,看看评价上的差异是如何形成的?

案例一:

王总:"小李,今年上半年的销售任务有 400 万元的缺口,下半年还有 3000 万元的任务吧,能不能搞定啊?"

小李猝不及防,随口应道:"王总,没问题。"

王总立刻追问:"没问题是什么问题?"

小李胸脯一挺:"一定完成任务。"

王总有点不耐烦了:"你告诉我,凭什么完成 3400 万元的任务?"

小李心里一紧:"嗯……我今年下半年会通过增加网点、多做推广的方式提高销量……"

王总一声冷笑:"开网点、做推广就能完成任务啦?"

小李额头开始出汗:"嗯……王总……下半年我手上还有几个大项目在跟进……"

王总不等小李说完:"如果下半年项目没落实或者项目跟丢了怎么办?"

小李不知道如何回答了:"……"

王总:"你下半年的区域计划重写,写不好不用回市场了。"

案例二:

王总:"小李,今年上半年的销售任务有400万元的缺口,下半年还有3000万元的任务吧,能不能搞定啊?"

小李估计王总会有此一问,连忙应道:"应该没问题吧。"

王总立刻追问道:"没问题是什么问题啊?"

小李舒缓了一下情绪:"王总,在我的下半年计划中,我是这样规划的。上半年我的完成率只有80%,有400万元的销售缺口。如果下半年大环境依然不能好转,则下半年任务也只能完成80%,也就是说下半年又会新增600万元的销售缺口,全年合计大概是1000万元的销售缺口。我准备通过三项工作来弥补1000万元的缺口:一是新增直控专卖店20家,每家店月销售额4万元,半年就是480万元,其中已经落实了19家店址,回去就装店;二是运营商赵总配送一直出问题,我准备在他下面发展10家分销商,销量下半年继续算赵总的,以后怎么办再说。我们直接给分销商配货,这10家客户我都已经谈好了。每个分销商每月销售额6万元,半年是360万元。"小李边说边把分销客户的名单递给王总看。

"再通过整改14家网点,每家专卖店可以每月新增销售额2万元,半年合计168万元,这是准备整改客户的名单。"小李继续拿出整改客户名单递给领导。

"这三项工作纳入日常考核,区域主管是第一责任人,预计能够新增1000万元左右的销售额。主管连续三周完不成指标,主管就降为业务代表,由区域考核指标得分最高的业务代表升任代理主管。王总,上半年我没做好,下半年我'不成功,则成仁'。"小李边说边把准备好的业务人员的下半年度考核奖惩方案递给王总。

王总拿过名单,扫了一眼,然后微笑着对小李说:"小李,压力不要这么大,上半场没踢好,下半场还是有机会的。我看看方案,但应该没问题,你先放手准备,下市场前我把方案批了。"说完,拿着方案转身走了。

两个沟通案例有什么差别?同样是没有完成任务,案例一差点被撸掉,案例二则是得到了领导"善意"的安慰。为什么?案例一说工作计划的时候,是我们要怎样,是喊口号的套路,领导吃过的盐比你吃过的米还多。案例二说工作计划的时候,则是用数字和细节描绘计划的直观性,讲的是怎么做,逻辑清晰、可视性强。其中,最明显的技巧就是从总目标导出分目标,从分目标导出每个目标的行动方案,最后包括方案的责任考核。这其实就是我们常讲的做营销计划的四个步骤。

我们在和经销商沟通方案的时候,经销商要从口袋拿钱,他会不会很谨慎?他肯定是先把口袋捂牢了,再把钱一点儿一点儿往外拿。如果你在跟经销商沟通方案的时候,只会说我们要这样、我们要那样,经销商是不是感觉你每说一句,他的钱就少了一点?

但是,当你和经销商在沟通的时候,有清晰的目标导出,每个数字又有明确的二次分解,同时辅以相应的行动计划和稽核手段,是不是就能帮助经销商建立起一个清晰的盈利路径,从而看见一个可视化的结果。最典型的做法就是:用数字和细节将促销计划的四个步骤包装和贯穿起来。

我们以某次具体的促销方案沟通为例：

"赵总，这次'十一'大促，公司会针对重点客户开展渠道促销，要求区域的重点建材市场的重点客户要做配套的终端促销，提高终端的销售人气。"小李进入店内，直述来意。

经销商赵总笑而不语，不置可否。

"促销重在结果而不是形式。这次的方案目标可落实，利润有保障，虽然是促销，不仅不让您亏钱，还保证您能赚钱，甚至比平时赚更多的钱。"

"哦……我倒愿意听听，别说赚钱，只要不亏钱，我就愿意做。"

"赵总，是这样的，咱们这次是针对你店里的爆款产品 A 进行 6 折促销，通过爆款产品提高人气。促销就是以量补利，我已经测算过了，如果您投入 2000 元做活动费用，6 折以后，要保证您和平时赚的钱一样多，7 天的销量，要从平时的 50 台增加到 120 台。这看起来是一项很有挑战的工作。"

"怎样才能完成 120 台的任务呢？门店的自然销售大概是 50 台。我再找 4 个大学生，1 个大学生 1 天 50 元，7 天就是 1400 元。通过让他们在建材市场的大门口派发单页、进店有礼等活动，每天拉 10 个人进店做考核，少拉 1 个人扣 5 元。进店的人按 20% 的成交率计算，7 天就能够完成 56 台销量，人员落实和培训我负责，这是设计好的单页！"边说边打开电脑让经销商看设计方案。

"我再帮你联系两个周边 500 户以上的成熟小区，一个是水榭花城，一个是月亮湾，你知道这两个小区刚入住不久，很多人家里正在装修。到时候你出一个人，我出一个人，我们的人负责给你的员工培训如何进行小区拦截，负责主导现场活动，我们把活动引向社区。这两个小区的物业我都挺熟,原本一天 100 元的场地费,打折后 7 天 300 元,两个小区 600 元。有 1000 户人家,即使我们只能拦截一半的用户,即使拦截的用户中只有 1/10 的人会购买我们的产品,我们还能再增加 50 台的销量。"边说边把小区物业负责人的名片递给经销商看。

"50 台加上 56 台,再加上 50 台,合计就是 156 台。店里人员的考核、市场人员拦截培训、小区推广人员的督查由我统筹、抽检,只要执行到位,120 台的预估销量肯定能达到,这是这次促销活动人员的考核、抽查及奖惩方案,你看看。"随手把《××促销行动计划配套跟进方案》递给经销商。

经销商听了这个方案会怎么样?很可能被绕晕了,但是他牢牢记住了"120 台的预估销量肯定能达到"这句话。更何况,你一个一个数字地给他分解,钱,虽然是一个数字,但只有听到数字,经销商才能放心。

在和经销商沟通促销方案时,一是用数字和细节进行方案佐证,会让经销商觉得你真在替他算过账;二是学会从目标测算到目标分解,再到行动计划,再到稽核措施,一以贯之,一气呵成,会让经销商认为你思维清晰、逻辑正确,你是真想明白了才会说得明白。至于促销目标导出的具体方法和促销计划的分解,在《用数字解放营销人》《用数字解放营销人2》两本书中均有详细介绍。

远处有目标,近处有行动,后面有稽核,建立起经销商对你的信任才是促销方案得到支持的根本原因。

第五节　区域销售，你凭什么让经销商推广新品

在一家世界500强的企业，你职位高、薪水高、与周围同事关系融洽、老板对你重用有加。某天，一个猎头公司联系你，一家新创公司给你开出了双倍的薪水、更高的职位，外加诱人的期权奖励，热切期待你的跳槽加盟，你会怎么选？

你会谨慎地说："我先看看。"

如果现在的公司经营状况不太好，经常拖欠薪资，你和周围同事的关系也比较紧张，你在老板眼里基本排不上号，遇到这个机会，你会怎么办？

你可能心头一动，说："我想试试。"

如果新创公司里，有你以前关系很好的同事先你一步跳槽过去了，而且你们之间还保持着紧密的联系，他告诉你新公司的发展势头很好，入职时谈的各项条件都能落实。薪资、福利待遇都非常好，而且最近还获得BAT等公司的巨额投资，正在筹划新三板上市。如果这个机会摆到你的面前，你会有什么反应？

你也许会说："我要赶快跳、马上跳、立即跳。"

为什么相同的情形，只是因为你收到的信息有差别，做出的决定就完全不一样了呢？

因为人都有一个特点——不见兔子不撒鹰。

新品的推广和销售也是一样的道理。经销商为什么不愿意推新品？

因为新品缺乏销售基础，推广培养风险大，销售成交概率低，即使单品的利润看起来很高，但那也只是看起来。更何况老产品现在还卖得很好，贸然转向新品销售，可能会赔了夫人又折兵。

作为区域销售人员，凭什么让经销商推广你的新品呢？新品风险高、收益不确定、费时、费力，还不一定讨好，你仅从新品的好处谈新品，还真谈不出什么让经销商怦然心动的东西。你只有让经销商像那个待在500强公司的跳槽者，感受到眼前的危机、察觉到外部的压力，并且有一块掉到嘴边的肉，经销商才会选择主动"跳槽"。

一、先分析天下大势

"赵总，可口可乐公司是不是只卖可乐一种饮料？"小李明知故问。

赵总边泡茶边随口应道："好像不是吧？我知道有好几种，雪碧、芬达，好像还有茶饮料。"

小李想引入话题："您说光可乐这个单品就够牛的了，为什么还要推茶饮料？"

"听说可乐这种碳酸饮料这两年市场萎缩的厉害。"赵总示意小李喝茶。

"赵总，您看我们都说'人无千日好，花无百日红'，产品也是一样的道理。企业要持续增长，靠一个单品，消费者终有厌倦的一天，连可乐都这样是不是？您也听说过，产品的生命周期大致分为导入期、成长期、成熟期、衰退期，如果单靠一个产品，产品死了，企业也死了。我们没有听说过百年产品，但是我们听说过百年企业。因为老产品进入衰退期，企业一定要培养一个新品进入成长/成熟期，负责把这个企业撑起来。老产品会进入低潮，但是企业继续向前进。

"经销商也是一个企业，如果你指着一两个单品起量，不提前培养新品，销售的增长势头肯定会下去，明天的衰落就是在为你今天的选择买单，是不是这个道理？"

从道理上给经销商说清楚推广新品的重要性，是让经销商有第一步行动。有了第一步，经销商还是觉得是应该推新品，但不是非得马上推新品。

二、外部施压，给经销商采取行动一个看得见的理由

人都是有逃避风险的自觉意识的，所以你要让他冒风险，最好是将他采取冒风险行动的原因解释为迫不得已。即使未来失败，他也可以心安理得地告诉自己，当年要不是迫不得已，自己也不会采取这么冒风险的行动。所以，外部施压就是为经销商采取行动，可能产生的责任进行分摊，减少经销商的自责心理。

常用的方法有两种：正激励和负激励。

正激励就是考核奖励，比如，单独的新品推广费用、新品陈列装修费用、新品的销售奖励，只要做了就有单独的费用支持。负激励就是新品进货比例必须达到多少、不做新品陈列会影响哪些费用的报销，逼着经销商把产品拿进来、摆出来、卖起来，这一步是很多销售人员都会做的事情，但这也不是每个企业都有能力做到的事情。

三、把肥肉送到经销商嘴边，喂给他吃

怎样才算把肥肉送到经销商嘴边，喂给他吃呢？销售行为引导上讲究四个步骤：我说他听、我做他看、我听他说、我看他做。推新品这件

第五章
经销商促进，是提升渠道竞争力的重要途径

事情，得身先士卒做给他看。

对于零售门店，你可以自己或者安排人员选择性地在进了新品的门店驻店销售。你还得跟老板这样说："现在其他地方的新品都还不错，唯独您这家店稍微差了点。我们公司现在来了一批实习的大学生，培训新品销售知识后一个月内，每周六、周日，我给您这家店里也安排一个驻店的大学生，让他和您店里的导购一起卖货，帮您推新品怎么样？"

只要驻店人员稍微得力，以前是一个店里一个导购，一个导购卖多个品牌、哪个好卖卖哪个、哪个提成高卖哪个。现在有专人驻店，全力主推，销售业绩肯定好。

如果店老板就是导购，你帮他卖货，他当然高兴，而且你在那儿卖的过程就是经销商学习的过程；如果导购是员工，你得知道别往自己一个人身上揽功劳，必须得有大局观："王姐真是一个卖货的好手，销售技巧炉火纯青，我们今天卖了8台新品，最后都是王姐一锤定音的。"

经销商当然知道是怎么回事，有驻店和没驻店差别这么大，看来还是得主推。导购也高兴，如果卖了新品都有厂家提成，后期在卖新品上会更加卖力。

对于渠道商，你得先发动零售商进货，从零售商那里拿单，再将单子递给渠道商送货，让渠道商看到零售门店还真有人要新品。仅仅这样做还不够，你还得激发经销商的人也要像你一样去推新品。

如果经销商有配送车，你可以选择跟车；如果没车，你可以选择和他的销售人员一起拜访客户。当然，前提是你要让经销商知道你跟着他的人去推新品了。

"赵总，今天我正好有空，我跟你们仓库的车下网点，顺便去推一推咱们的这批新品。"

我们前面就讲过车销技巧，司机肯定是店家要什么卖什么，你在车里当然不一样，你是逢店就会推新品，一天下来，新品销量一定比平时好。

回来后,还是那样——猛夸司机。还要特意提一提新品的销售结果,铺了多少家、出了多少货、相比老产品多赚了多少钱,说给经销商听,算给经销商看。经销商自然知道你的用意,只要真能赚钱,下次出车时,他会不会提醒司机注意推一推新品。

新品销售不是一个"慢工出细活"的事儿,即使是家居建材行业,如果前3个月新品销售不能占据经销商的大脑,3个月、半年过后,新品也就变成了老产品,慢慢消失在经销商的视野中。所以,新品销售的前3个月,抓关键客户、落实关键动作将决定一个新品的生死。

第六章

互联网+时代,看得懂才能说得动经销商

第六章
互联网+时代，看得懂才能说得动经销商

互联网来了，利益受到最大冲击的自然是传统的经销商渠道。换句话说，互联网本身就是渠道的一种，新渠道对旧渠道产生冲击，这和当年的连锁大卖场的兴起对小店专卖形成的冲击并无二致。

要说服经销商用正确的姿势迎接互联网，首先你得自己懂互联网，还得真做过。想得清楚，才能说得明白，最后才能干得漂亮。

第一节　互联网模式来了，销售人员如何指导经销商

在经销商的眼里什么样的销售人员最厉害？既不是大企业、大品牌的销售代表，也不一定是能够与经销商内外勾结，套费用、捞资源的销售油子。真正厉害的销售人员是出谋划策、指点江山，而经销商却能言听计从。

现在最火的话题是什么？是互联网。现在的销售人员和经销商谈话，如果你还是只会深度分销、终端活化、先进先出，经销商多多少少会觉得你是一个土包子，虽然他嘴上不说。但是如果你满嘴电商、直通车、聚划算，又说不出一个所以然来，经销商又觉得你在瞎说。如今这个年代，说不了互联网、谈不了O2O、结合不了行业说出点道道来，还真不能将经销商紧密地团结在以自己为核心的小团体周围。

2012年以前,即使淘宝火的一塌糊涂,也没有多少人真正认为经销商这个渠道会彻底退出历史舞台。直到天猫异军突起后,企业直接在平台上开店,经销商才慌了神,转型与升级的话题开始不离嘴边了。过了2015年的O2O虚火后,有一部分人开始明白,线上和线下还是要以和为贵,说谁要吃掉谁,其实是站在门外说大话。

互联网的出现,让很多销售人员为自己的智商"着急"。这是一个跨界打劫的例子,过去存储的那点老底,似乎不足以应对今天变化的世界。在线下谈到促销、配送、团购,如果只能就事论事,对线上的冲击没有应对策略,经销商会瞧不起你。麻烦的是,在不少传统企业里,允不允许经销商去网上卖货,至今还是一个非常暧昧的话题。

那么,经销商究竟要不要触网?企业应不应该引导经销商触网?每个企业有自己的战略定位。我的意见是,经销商有没有网上售卖商品的权利,取决于企业有没有管理经销商的能力。企业有能力,经销商想卖也卖不了;企业只是一厢情愿地限制,经销商哪天不高兴了,顺便在网上倒货,也够企业喝一壶的。

今天和大家谈的区域经销商的互联网+模式,是某些经销商,尤其是建材经销商经过尝试的互联网+模式。这些模式不是绝对正确的模式,有很多都是在试用过程中,只是目前来看比较有效果。所以,模式不一定适用于各个行业,也不一定适用于每个经销商,销售人员在引导经销商互联网化的过程中要学会甄选和思考。

一、以处理呆滞品为主的电商模式

经销制的区域性和网络化的无边界特点,是造成线上、线下冲突的直接原因。经销商一旦上网卖货,你过去订的条条框框就不起作用了。尤其目前的电商主要以"杀价"为主,线下产品直接往线上搬,对整个渠道的价格冲击可想而知。

但是网络已经无处不在，限制和打压网络销售越来越不现实。经销商上不上网只是时间问题。打压是打压不住了，只有疏导，让经销商自己在水里扑腾，掂量其中的斤两。

在产品没有经过测试之前，说什么哪些产品适合在网上销售是不负责任的，既然如此，就先把网络作为一个处理呆滞品的渠道。区域经销商或多或少都会有呆滞品出现，而这些产品企业也不会回收处理，经销商自己在短期内又很难消化掉，就应该允许经销商在最低售价之下开设淘宝店，以此作为应对手段。这种做法有以下三个好处：

（1）呆滞品低价只涉及特定品类，对渠道价格影响较小。

（2）经销商通过这种方式试水，自己感受电商的冷暖，这比口头教育强得多。

（3）如果淘宝店试水成本低，而且经销商数量可观，在网络上也能形成比较好的宣传声势。

这种方式有什么缺点？不易控制。经销商一旦上网，你就没有办法管住经销商到底会上哪个产品。我们后面会讲到如何管好经销商的网络行为，但这毕竟是事后行为，引狼入室的事情处理起来还是挺麻烦的。

二、网络品牌授权编码制

处理呆滞品的电商方式应该说只是权宜之计。对品牌企业来说，可以引导一部分有需求的经销商设立 B 店，也就是天猫的专卖店和直营店。这种方式的前提是，企业要在天猫设立旗舰店。

这种方式需要企业有明确的网络发展计划，包括产品计划，直控的旗舰店要有表率作用。所有在网上设店的经销商，只要经过公司批准，都会有对应的网络销售代码。没有网络销售代码的，公司都不保证其产品的正规来源，在天猫上也拿不到授权。代码是经销商的身份证编号，授权网店必须将编码放在店头上。

这种方式，经销商投入比较大，而且要有专门的团队运营，在电商的价格战面前，经销商盈利也越来越难，所以，只适合品牌商操作。

三、总部接单，区域配单

这种操作方式的特点是，企业设立天猫旗舰店，但是经销商不触网，只是成为企业线下的配送网点，双方依据配送合同分取利润，形成对线下网点销售的补充。

建材产品本身存在配送不方便、需要二次服务的特点，网络接单以后，如果能够形成本地化服务，对于消费者来说当然是再好不过的事情；对于经销商来说，没有增加任何成本，就能获取更多的销售机会；对于企业来说，直控网店，价格、产品、促销都能在控制之下，网络推进平稳性更强。

销售人员选择配送点，要根据经销商的软硬件等各项条件选择，当然，配合度是第一选项。

四、售后服务成为盈利增长点

针对建材产品更换麻烦、需要专业技能等特点，有些经销商已经采用提供会员制的方式，将服务收费从单次收费转为打包收费。这种模式，经销商收费比企业主导更靠谱。

比如水电工，每个卖水电建材相关产品的门店都会有这样的资源，有些甚至是花钱养着水电工。平常水电工只有在产品销售时才会有活儿，实际上，很多消费者家里的水电出问题后都需要找水电工处理。我就曾建议经销商朋友，通过利用、推广微信服务号（注意，不是订阅号）的方式，在自己的区域内用定额打包的方式，一年收取定额的费用，只要在指定期限内，水电的任何问题，经销商的水电工都帮你搞定。将售后服务作为盈利增长点的方式，能够带来的好处是：

（1）水电工的时间被充分利用，形成效益。

（2）利用微信服务号发展粉丝，增强黏性，提供经销商的区域知名度。

（3）通过提高增值服务能力，与网络低价形成了区隔。

五、经销商联合抱团

组织区域的大经销商用众筹的方式，共同投资新公司，企业可以投资参股。或者是将经销商之间用 IT 系统打通，经销商联合体可以统购统配，能够形成特价大单的优势。另外，经销商如果在一个平台上统一走账，容易形成比较大的流水，有益于获取更高额度的银行贷款。

有些建材经销商因为抱团以后，甚至开始自己组建品牌，专注在某个品类上，成了企业的直接竞争对手。目前，这种模式存在以下三个缺点：

（1）经销商抱团就地做大，企业难以管理。

（2）合伙的生意难长久，矛盾冲突比较多。

（3）统购能够形成优势，但是在统配上反而会增加成本、降低效率。

六、分销软件

给经销商上系统，相当于给经销商戴紧箍咒，所以喊了十几年的信息化，直到今天，厂商之间 IT 系统完全打通的寥寥无几。经销商不愿意上系统，是因为不希望自己的一亩三分地被别人踩来踩去。

让经销商接受系统，必须要让经销商看到信息化的好处，比如，厂家真能开放自己的库存给经销商看；厂家利用通勤软件，帮助经销商了解自己业务人员的行踪。

所谓无利而不往，在给经销商上系统这件事上，还是要先让经销商看到实实在在的好处，至少在今天这个环境下，经销商对网络的抵触情绪已经没有那么强烈了。

第二节　分享经济时代，如何引导经销商守住阵地

互联网时代，电商，尤其是微商出来后，销售资质的门槛似乎一夜之间降到了底线。"人人都能卖产品"的时代，让那些原本靠着贸易起家的经销商惊出了一身冷汗。原本赖以为生的营生，竟然毫无技术可言。

销售人员是不是也感受到了明显的变化？以前渠道品牌就是爷，经销商指着你发家致富奔小康，看见你自然两眼放光；如今线下渠道式微，线上品牌不可一世，经销商的生意又受到电商、微商的冲击，自己会不会就此被人替代？这线下的生意还能不能做？经销商看到你的精气神，自然就不会热血沸腾了。

分享经济时代，零售商，尤其是渠道商还有没有存在的价值？如果有，价值在哪？怎么引导经销商建立这样的价值？对于销售管理者，尤其是区域销售人员，能不能将经销商引导到关注生意本身上来，而不是任其唉声叹气、怨天尤人，是形成区域良好销售氛围的关键所在。

要解决上述问题，我们得先弄清楚，互联网化以后，线下渠道的发展趋势是什么？以我个人对线下、线上渠道的了解，尤其是对家居建材行业的了解，经销商未来的定位有两个趋势：

趋势一：即使互联网化的程度再升级，经销商也不是被"去中间化"，而是"再中间化"。我有以下三个理由：

（1）秩序和顺序好调整，但是社会关系的文化很难调整。中国是一个人情社会，也是一个关系社会，更是一个信誉体系和法律法规制度不够完善的社会。而互联网化讲究的是规范和标准，一切有据可查，一切按标准做事。现实的渠道商和下线客户之间因为操作的需要，规范化程度低，口头契约程度高。有些事情是厂家没有办法承诺和做到的。姑且将这种关系称为"区域交易关系趋向稳定"。

（2）除非中国不存在地方利益一说，否则经销商必将长期存在。经销商凭在当地浸淫多年建立起来的关系网，很多品牌其实都在搭便车，地方关系的处理是企业的重要成本，这叫"搭便车边际成本递减"。

（3）经销商做能赚钱，不代表厂家做就能赚钱。其中一个很重要的原因就是区域总经理很难有"所有者"的心态和眼光去看待经营过程中的每件事，尤其是对成本的看法。最终导致的结果是，能赚钱的东西也变得赔钱，我称之为"老板心态的魔力"。

趋势二：分享经济时代，制造商和经销商的分工越来越明确，而不是经销商失业。

2008年，我做互联网趋势预测的时候还有一个错误认识：认为电商渠道的兴起不是挤压的线下渠道，而是打压的门店生存空间（即零售商是不是一定要把大笔费用投在租赁最好的地段、用最好的装修材料、建最好的门店）。今天看来，实体零售门店依然具有存在价值。经销商核心价值将聚焦在以下三个方面：

（1）人是社会化的动物，尤其是女人。消费过程显然不仅仅只有买卖动作，还有服务、社交和体验等隐性需求，有较高售后要求的家居建材产品尤其如此。而门店的本地化服务和集中的商业街，为消费者提供了可比较、可体验的现实感受。

（2）成为多品牌同类产品的售后服务中心，变一次收费为多次服务收费，建立本地化的粉丝群。尤其是那些需要专业技能才能持续提供售后服务的产品，如大型家电、水电产品，谁有办法将售后的成本属性转变为利润属性，谁就真正控制了渠道。

（3）提高配送的质量和半径，成为快递和物流公司区域配送的潜在竞争对手。京东商城在产品配送上向一体化发展，在成都、广州、上海、北京等地广设仓库基地，与快递公司直接竞争。事实上，未来真正能与快递、物流形成竞争态势的是星罗棋布的本地化门店。

如果我们的销售人员看清了这两个趋势，从你好、我好、大家好的角度出发，怎么引导经销商建立自己的核心价值呢？经销商有三大核心价值：实体门店的社会价值、社会关系的通路价值、本地化服务的拓展价值。我在这里各举一个小例子：

（1）实体门店的社会价值：消费者需要的才是必须存在的。

对策：双鸟在林，不如一鸟在手。

"赵总，如果您的店铺又有人流又有销量，您说这家店铺是谁的？"

"当然是我的。"

"以您十多年的江湖经验，您觉得自己是在线上有优势还是在线下有优势？"

"应该在线下有优势一些。"

"一个擅长跑步的人去打拳击，有得冠军的机会吗？"

"关键是实体店的成本高。"

"您知道一个真正旺销的网店需要哪些成本吗？"

"我还真不清楚。"

"就是……"可以给经销商算网店的账,也可以直接转入下面的话题。

"如果线下的马路两边没有一家实体店会是什么景象?"

"应该不可能。"

"对,互联网是一个渠道,线下也是一个渠道,两者分工不同而已。互联网对实体渠道的冲击是一个筛选、提升的过程,那些底子不厚的店肯定要被淘汰,留下来的店才能真正成为线下的旺店。这样的实体店建起来后,厂家拿的走吗?线上抢得走吗?这才是你在线下渠道安身立命的根本。"

(2) 社会关系的通路价值:向上的政府关系,向下的消费者关系。

对策:区域化的粉丝经济。

"赵总,如果一个陌生人跑到你家里推销东西,你反感吗?"

"肯定直接把他轰出去。"

"为什么你的安装师傅去消费者家里,边修东西还边推荐产品,人家还端茶倒水呢?"

"我的安装师傅是去给人家提供服务的好不好?"

"这就对了。你现在卖给人家产品后,只能给人家提供一次服务的机会,人家端茶倒水,你还能再卖点东西?如果你能不停地给人家提供二次服务的机会,你是不是会有更多的销售机会?更重要的是,把这些消费者变成粉丝后,这些粉丝是谁的资产?"

"我的。你告诉我怎么才能把消费者变成粉丝呢?"

(3) 本地化服务的拓展价值:本地问题,本地解决。

对策:为人之所不为,才能成就核心价值。

"赵总，您说您开发出来的线下网点向您拿货，这个网点是属于谁的？"

"当然是我的。"

"那为什么三岔河村，老罗的货一直没有发呢？"

"那个地方太偏，送那点货过去还不够油钱的呢。"

"你知道老罗为什么要向你进货，而不是去网上倒货卖吗？"

"为什么？"

"因为他所在的那个地方是快递、物流都不发达的地方，这就是电商竞争的死角。那个地方交通不便，很多东西都比外面卖得贵，老罗自己也说了愿意承担运费。他们镇上每个星期二赶集，你们只要约好，每周二把货送到镇上，老罗自然会安排人接货。做电商做不了的生意，才能体现你的实体店的价值。下线门店死心塌地地跟你干，是因为只有你才是真正了解本地生意的人。"

你说一遍，经销商会不会把这件事当成事？他不会当成事，而是会把它当作一股风从耳边吹过。要让经销商把你说的话当成事，你得遇到事情就给经销商念经：要建立核心价值、要建立核心价值、要建立核心价值（重要的事情说三遍），还要站在经销商的角度告诉他旺销店是他的、粉丝是他的、下线网点是他的，经销商才会安下心来构建核心价值。

第三节　公司没授权，经销商私开淘宝店，怎么管

经销商为什么在网上开店？是不是在网上开店赚钱？是不是在网上

开店比在线下开实体店更顺利？是不是在网上开店成本更低？5年前、10年前可能还会有人这么说。但是，今天还在这么说的不是在电商红利中站对风口、抢得先机的人，就是还傻乎乎地准备填坑的人。

我在很多文章中都提到过淘宝（天猫）流量发展的五个阶段：草根品牌阶段（2003～2005年）、淘品牌阶段（2005～2008年）、传统品牌阶段（2008～2013年）、海外品牌阶段（2013～2018年）、国际奢侈品牌阶段（2018～未来），能够在这五个阶段站对风口的电商经营者，才有机会获取电商流量的发展红利。

作为品牌经销商，尤其是品类经销商，在电商的草根品牌和淘宝品牌阶段都能有饭吃，有些人还吃得很好。在天猫崛起后的传统品牌阶段，流量的红利风口已经转换，经销商跟风去触网，自然就变成了"先知先觉者领会、后知后觉者报废、不知不觉者消费"。

很多人问我："今天还能不能在网上开店？"我说："这个问题和今天还能不能开店做生意一样，没有切中要害。因为你问网上这个生意还能不能赚钱是没有意义的。今天，即使是最早期的批发渠道，做得好的一样有人在赚钱。电商也只是一个渠道，能不能赚钱，只能说每个人有每个人的活法。"

很多经销商在网上开店，其实是没有想清楚"活法"的问题。他们有一个最简单的逻辑，就是网上开不开店，线下的成本都在那儿，在网络"零成本开店"的攻势之下，网上开店无非是想在同一个猪圈里多养两头猪。

既然如此，没有线下的实体店就无法支撑线上的"零成本"，经销商网上开店，谁是本、谁是末一目了然。经销商私自网上开店，从根本上说，即使线上、线下发生冲突，经销商也丢不掉线下大本营。抓住这个根本，经销商网上私自开店才能有化解之道。线上、线下本来是不同销售方式的相互补充，无论是产品区隔还是服务区隔，都能够让消费者在付费的前提下多一个选择。所以，这是好事！销售管理要做的，是不让没有纳入管理体系的"黑店"扰乱市场，将好事变成坏事。

现在的窜货、乱价为什么难管？以前经销商被人拿到了贼赃之后，指证××也窜货、乱价时，至少心里还得掂量掂量，因为他不一定有证据。现在你去处理窜货、砸价，经销商一句话就能让你吃闭门羹："你看看网上××店，价格比我们卖得低多了，你管好他们再来说我们吧。"此时此刻，销售人员"有心杀敌、无力回天"的小心脏被经销商捅得稀碎。

线下销售实行的是区域经销制，线上销售实际上是全国零售制，靠一个区域的销售人员打击网上私自开店肯定行不通。因为网络私自开店，扰乱的是全国市场，总部没有态度，区域销售人员打击网络私自开店只是杯水车薪。那打击网络私自开店是不是靠厂家就行了？也不行。网络开店是经销商的需求，光靠打压，治标不治本。最后，越打越多，你关掉一家店，经销商换一个ID，又开了2家店；你黑掉2家店，人家就能开8家店。

经销商网络私自开店应该怎样应对？从我们以往操作的经验看，两手都要抓，两手都要硬：一手严打网络私自开店，让其线上无生存之所，线下无立锥之地，得不偿失；另一手要适应网络化趋势，即使风口已过，把网店当一个渠道，产品区隔、包装区隔、服务区隔，经销商成为一个真正的品牌输出口，而不仅仅是一个销售点，线上为线下提供流量，线下为线上提供服务。大禹治水，在疏不在堵。

经销商私自开店怎么抓？其实线上抓窜货、砸价比线下好抓，而且一抓一个准，只要你真的想抓。无论是谁在网上私自开店，谁是前台木偶、谁是后台供货，方法简单、粗暴，但是绝对有效。

第一步，去网店买东西，购物车里的东西越多越能显示你是一个大客户，店家自然会殷勤一些。运气好的，你可以先问："你们的货是真是假？"对方肯定告诉你是正品。然后你就问："何以见得？"店家自然要证明自己是正规渠道进货，如果碰上一个笨一点的卖家，厂家人员对着客户资料基本都可以猜出是哪家经销商在网上开店。

第二步，当然，仅有聊天记录不足以证明谁在窜货、砸价，你得把证据坐实。干吗？买货。买货也分两种买法：一种是像一个普通消费者一样，做正常量的购买。另一种买法狠一点，直接选择某个爆款产品，有多少库存买多少，很多经销商的库存管理是有漏洞的，去仓库一查货，发现库存不足，要么调货，要么向公司订货。只要是属于那个区域的这类商品订货，能拖就拖，拖满7天，淘宝店就延迟发货，消费者投诉，经销商就得被淘宝先折腾一下，又或者厂家可以在这批货上做特殊记号，再次坐实证据。

第三步，收到货后就向淘宝投诉其是假货。淘宝介入后，店家必须向淘宝提供进货单据和证明，而这个进货单据和证明也同样会提供给买家，有了这个单据，自然能顺藤摸瓜找到线下客户。

这时你有店铺网址、有产品价格及图片、有聊天记录、有发货快递单地址、有淘宝的进货渠道证明，这就是经销商窜货、砸价一条龙的证据。经销商，尤其是品牌经销商经此一役，估计得老实一阵子了。

当然，在京东自营的官方平台上，以厂家的身份直接给京东下函：贵公司自营平台所售产品非本公司正规渠道经销商供货，产品真伪不详，所售产品不享受公司正常的三包服务等。这个函件一发，所售产品估计当时就得下架。

线下企业如何收编网络上的散兵游勇？通过上面所说的抓砸价、窜货的方法，基本可以将那些隐藏在犄角旮旯的淘宝店收拾一遍。但你用这个方法也不能禁止网上销售，只要理论上有利可图，经销商就会铤而走险。

我把收编动作分为以下五步：

第一步，将已经在网上卖货的经销商和计划进入网络的经销商，召回公司开一个专项会议，宣布公司的网络发展计划，天猫官网旗舰店、产品区隔计划、网络经销管理细则，让经销商感到与其偷偷摸摸卖货不如正大光明投诚。

第二步，在宣布他们成为第一批网络经销商的同时，要求他们共同遵守价格秩序、产品体系。线下已经销售的产品，在线上要逐步退出（要有过渡时间），要求经销商必须销售网络新品，将网络变成新品窗口。当然，这时还要收取网络秩序保证金，谁不按规则办事就拿谁开刀。

第三步，网络经销商交保证金也不会白交，他们可以成为企业各类官网的区域配送商，厂家和经销商共同分享利润。对于家居建材等耐用消费品，网络经销商还可以签约成区域服务商。对于同一个区域的多个客户，可以采用竞标方式。

第四步，将产品收费和服务收费分开。如何将服务收费公开？耐用消费品是指那些完成销售后，还需要提供辅助服务才能更好使用的产品，如建材。过去很多建材产品为了拼产品、拼价格，线下门店将所有增值服务都免费提供，事实上降低了服务质量。因为有些服务是赠品（如送货上门），但有些服务是商品（如安装服务），对商品收费天经地义。线上、线下都有的商品，线上一定要比线下贵，这个贵是指实物价格与服务价格之和大于线下价格。比如，线上某个单品裸价 1000 元、上门安装收费 100 元，线下相同单品包上门安装合计收费 1000 元。

第五步，将网络变成新品平台，价格先低后高。网络应该成为推新品的平台，而不是和线下抢生意。即新品一定是先在网上卖，所有的网络经销商也是新品的推广者。新品上线，通过折扣使价格有明显优势；一旦在网上推开，准备导入到线下网点时，线上新品的价格就要提升，线下价格就要比线上便宜，促使消费者走到线下门店，实现线上为线下引流。线上的卖家还得学会引导消费：

"亲！M×350倾国倾城的裸价是2499元。"

"没弄错吧？我看你们实体店才卖1880元？"

"不会错的，亲，我们的线上价格是统一的。如果要安装，您还得再选择'上门安装'，另外付费100元。"

"怎么线上比线下卖得贵？"

"线上、线下都是渠道，渠道不同，价格自然会有差异，亲！"

如果这样，你说消费者是去线上买东西，还是到实体店买东西？当然，等到新品在线下销售稳定以后，线上产品就应该下架，再推其他新品。

将网络变成新品平台，最终目的是实现线上与线下的互动。即使是网络经销商，也要关注线下销售，当新品从线上走到线下的时候，这些网络经销商的实体店也能成为新品销售的主力网点。

第四节　经销商说网上的东西都比你们的便宜，怎么办

七八年前，就有不少经销商拿着网上的东西比价格，在网上可能看到哪家店的东西特价秒杀，比自己的进货价还便宜，还会试着买一些，并拿着从网上淘来的商品，指着网上的价格，半真半假地对销售人员说："你看，我从网上淘来的商品比你们的进货价都便宜。你别三天两头过来给我压货了，你们的价格再不便宜点，我以后就在网上进货了。"

2015年年底，京东的"新通路事业部"炒得热火朝天。什么是新通路？就是要取代现有渠道商，直接通过网上下单，给各个零售门店供

货,也就是B2B。不少经销商门店在这次所谓的B2B革命中挑起群众斗群众、挑起厂家斗京东。线下与线上渠道互殴价格,只要没有祸及零售市场,经销商乐见其成。

说到B2B,京东不是第一个打它主意的人,阿里巴巴的1688批发市场早在七八年前就开始搭台子唱戏,只不过B2B这潭水太深,1688这个部门的日子举步维艰、处境尴尬。电商要和渠道商抢生意、要和销售人员抢饭碗的欲望,好像是与生俱来难以消除。

今天的经销商之所以难管,在于"世界是扁平的"。经销商的产品信息量、行业信息量,包括营销知识和技巧,不见得比销售人员少。今天的经销商管理从单纯依靠信息的数量,需要转向借助信息的质量取胜上来。

什么叫信息的质量?它包括两部分:一是关键信息的深度。经销商只能看到第一层,你能看到第二层、第三层。经销商说电商流量大,你能告诉他电商的流量从何而来?普通电商哪些渠道能够获取流量,获取流量、获取的成本是什么等更深入的信息;二是信息的限制性条件。任何事情的发生都是在一定限制条件下的反应,包括经销商说的网络低价。

经销商说网上的东西比我们的便宜,一种是指网络上的零售产品价格比我们的便宜,另一种就是指像1688这样的批发商城的商品比我们的便宜。目前的电商主要还是网络杀价,价格便宜是不争的事实。经销商说:"网上的东西比你们的进货价都便宜,我以后从网上进货了。"而且人家拿着电脑,指着价格言之凿凿,铁证如山。销售人员怎么应对这种情况呢?

经销商拿着别人家的产品和你的产品比价格,是因为两者可能只有价格能比较。本质上是对你提供的增值服务不满意,或者是对你没有提供增值服务不满意。对于家居建材类产品,甚至包括耐用型家电产品,厂家、渠道商提供给零售商的是不是就是一个简单的买卖动作？过去可以是，但未来不能是，厂家和渠道商只有不断地通过提供增值服务，才能让经销商从简单的价格比较转移到价值比较上来。

所以，对于经销商线上、线下价格的质疑，要真正实现说服经销商得从两个方面下手：一方面，是信息的质量——经销商误读了哪些信息；另一方面，是增值服务——经销商不是只需要一个买卖的动作。

"赵总，你不可能从网上进货。"小李说话总是先点题。

"开玩笑？为什么不可能？"赵总问。

"网上的这种特价秒杀产品，一个ID只能买一个产品，你怎么可能批量进货？"小李不急不缓地说道。

"我多弄几个ID不就行了？"赵总一副胸有成竹的样子。

"就算你在网上进得到货，你也不可能从网上进货。"

"你倒说说看，为什么？"被小李这样一吊胃口，赵总反而不急了。

小李仍然不缓不急："买这些产品，你是自己用，还是卖给别人？"

"这么多，我怎么可能用得了？当然是拿来卖。"赵总没弄清小李葫芦里卖的是什么药。

"网络购物一般是7天收货期，延长收货也就是15天。你买的是电子产品，如果一年以后这个产品才卖给消费者，消费者发现了质量问题找谁解决？"小李点出了重点。

赵总没接话，显然没有想这么深。

"就算你愿意背这个售后的黑锅，也不可能从网上进货。"小李趁热打铁。

赵总看清了小李的意图，没有开始那么激动了："我听你说。"

"你从网上倒产品到店里来卖，工商、质监抽查这些产品的证件，你怎么办？比如，抽这批产品的3C证，你去哪里弄？"

赵总知道小李今天是有备而来。

"就算地方上工商、质监的关系能搞定,你也不可能从网上进货。"关于这个问题,小李才刚刚进入主题。"进了货以后,还需不需要公司给你提供导购培训、社区推广培训?还需不需要我给你提供本地的工程项目信息、水电工资源?还需不需我们对市场销售秩序和价格体系的维护?还需不需要以后渠道商给你提供账期、临时调货,以及新品的安装演示服务和配套服务?"

小李顿了一下,接着强调:"别的不说,更重要的是,你现在是全额交税吗?如果网络平台供货,每一笔进项都给你开发票,你去哪儿找那么多销项进行抵扣?所以,至少目前你不可能从网上进货。"

赵总是老江湖,自然知道小李指的是什么。你说到这儿,经销商还会不会坚持说网上的东西比你们的便宜,要去网上进货之类的话。

网络时代的到来是工具对工具的替换。电视出现了,广播差点没了。但是随着有车一族的增加,车载电台又异常火爆。无论是厂家销售人员、渠道商还是零售商,作为一个工具要想活得比别人好,只有不断强化自身的价值,而且是不可替代的价值,才能与时俱进、左右逢源。

B2B模式的出现其实是给销售人员提了一个醒,互联网对线下渠道的冲击已经从表面的刷刷洗洗到了内部的方方面面。而销售人员要驾驭这种趋势,只能从两个方面入手:一方面,真正了解互联网、认识互联网,深入进去学一学、俯下身子看一看,才能知道哪些是大势所趋。另一方面,要找到自己的价值,尤其是不可替代的价值,即使只是老老实实地把事情做扎实,解决好每一个问题,也比过去靠着吃吃喝喝、满嘴跑火车的混日子更有价值。

第五节　经销商线上、线下徘徊观望，如何攻心为上

哪一类经销商的事儿最多？就是那种既觉得电商挺好，可自己又不懂，也不敢做；觉得线下生意难做，又觉得丢了实在可惜的人。前也不是，后也不是，左也不是，右也不是，一天天地耗着。你让他做好店里经营，他说现在电商价格便宜抢了客流，门店人流这么少，做了也白做；你让他转型做电商，他说自己亏了算谁的？

在经销商互联网化管理的问题里，除了前面提到的偷偷摸摸先试水的问题，还有经销商前怕狼，后怕虎的问题。所以，有的销售人员说："不怕经销商千万个理由指责，也不怕经销商耍心眼和斤斤计较，最怕的是经销商的心散了。"

对于这类经销商，销售人员应如何引导、说服？从目的上说，我认为只有一个，就是要让经销商靠岸，选择一头，扎扎实实地做事，而不是一天到晚这山看着那山高。

从现实情况说，这类经销商不适合做电商。因为真适合做电商的人已经动手做了，这些还在犹豫做还是不做的经销商，骨子里是不愿意承担风险的。这样的经销商如果去触网，事实上是二次创业，对他们来说是高风险的事情。所以，从更实际的角度说，销售人员应该说服这些经销商，扎扎实实地做好眼下的生意。毕竟任何生意都有机会，只要用心去做。

要搞定这类经销商，销售人员还得真懂点电商的套路。经销商既然又想做电商，又不敢做电商是怕亏钱，这时，销售人员就应该把电商的

套路给他讲明白，给他算一算做电商的成本，账算清楚了，他自然就会死了这条心。

标准演示模板：

小李："赵总，您开网店，是想着试试，还是真正想上量赚钱？"

"当然是要上量赚钱。"赵总回答。

小李："赵总，您在天猫或者京东有熟人吗？"

"没有。"赵总摇摇头。

小李："没有熟人，如果我授权你去做电商，您能不能准备亏 5～10 年，然后再慢慢赚钱？"

赵总："开玩笑，我怎么可能亏得起 5～10 年。"

小李："您既没有平台关系，又不准备亏钱熬着，像贸易商这种通用型产品上网店，那您就要小心了。天猫、京东有熟人关系，自然流量就会好很多，但里面水太深，一言难尽。如果您准备打持久战，在摸索中前进，在前进中摸索，把其他电商同行熬死了，您才可能剩者为王。您别光看着别人的电商生意好像很红火，人家 2005 年就在淘宝上倒货了，这两年也够呛。以天猫专卖店为例，我给您算算这笔账，看看适不适合做电商，大主意您自己拿。"

"您觉得以您的实力，咱们这个生意在网上第一年取得 60 万元的销售额，行不行？"小李接着问。

"不知道，应该比较难吧。"赵总回答。

"如果您做不到 60 万元的销售额，您首先一年要给天猫缴纳 5 万元的技术服务费。"

赵总："这个我知道，听说可以刷单。"

"赵总，刷单也是要成本的，肯定比 5 万元的费用高，这里面也是一潭浑水。况且这是天猫打击的行为，一旦被抓住，罚款、关店损失更

第六章
互联网+时代，看得懂才能说得动经销商

大。更何况，您走都还不会就要学着跑，风险太高。"小李补充道。

"建材行业，线下销售顺加毛利润超过30%的很常见，咱们的产品在线上100元，要面对无数的全国卖家竞争，有30%的毛利润就算不错了，也就是卖到130元。单价130元，你首先要消化5万元的技术服务费，也就是销售额至少要到22万元。除了5万元技术服务费，先不说固定投入，摄影棚、单反相机、拍照破损，天猫平台上家居建材每交易一笔还得倒扣5个点费用。所以，在消化5万元的技术服务费的基础上，同时要消化倒扣的5个点费用，你的销售额就不是做到22万元，而是要做到28万元以上"。小李边说边拿着计算机开始给赵总算账。

"要完成28万元的销售额，你知道要招多少人吗？天猫建材的销售转化率是2%~4%，就是进店100个人，有2~4个人会买产品，我们就取中间值3%。建材行业的均单价，大品牌旗舰店为200~400元属于正常值。专卖店100元以下的产品比比皆是，我们取均单价200元，要完成28万元的销售额，你需要交易1400单。如果销售转化率是3%，你大概要吸引47000人到你的店里。"小李越算越快，赵总从来没有想过这么细，越听心越沉。

"如何让47000人找到你的店？靠自然流量？新店、小店基本不要妄想。你得推广！什么推广比较靠谱？最常见的就是直通车。真要完成这个指标，直通车占50%的流量非常正常，甚至更多。我们理想化一点，只有50%的流量靠直通车，也就是23500人，其他靠自然流量。你知道建材行业直通车单个热词点击平均成本是多少吗？平时基本是3元，就是消费者点一下需要3元，遇到大活动点一下10元也很正常。我们继续理想化一点，算直通车的单次点击成本只有3元，要引进23500人，直通车的费用大概一年为7万元。"

小李最后总结道："换句话说，第一年你做28万元的销售额，亏七八万元很正常，坚持5年看会不会有好转吧。当然，我这只是在做模拟

预估，还是在非常理想的情况下，现实情况可能会更糟，这还不包括人员工资投入、固定费用投入等。对了，赵总，你的员工会开天猫直通车吗？"

"再说吧。"赵总显然心凉了半截。

"现在有这种技能的员工，一个月工资5000元，你还找不到人，你一年至少6万元没了。"小李仍然不忘补最后一刀。

给经销商推算电商成本，建材产品顺加30%毛利，不含固定资产投入和日常损耗，在比较理想的状态下，可以推演为四个部分：

（1）消化年度技术服务费5万元，销售目标额为22万元。

（2）消化5个点的交易佣金，销售目标增加到28万元。

（3）消化直通车的3元点击成本，一年亏损7万元。

（4）直通车人工成本，一年净亏6万元。

这个算法有没有问题？逻辑上当然没有问题，但是在现实操作中，是不是这个客户不做电商一定是最优选择？不一定。通过算账的方法，要逼着经销商做选择，而不是站在船上两头摇。经销商做了选择，就能安心地一条道走到黑了。

两辆相向而行的自行车什么情况下最容易撞上？就是两个骑自行车的人眼看着要撞上了，还左一下右一下地摆来摆去，最后就撞上了。反而是那些不管会不会撞上，一个方向一直骑的两个人不容易撞到一起。所以，选择什么不重要，至少不是最重要的，选择之后能不能坚持才是最重要的。

推荐作者得新书!
博瑞森征稿启事

亲爱的读者朋友:

感谢您选择了博瑞森图书!希望您手中的这本书能给您带来实实在在的帮助!

博瑞森一直致力于发掘好作者、好内容,希望能把您最需要的思想、方法,一字一句地交到您手中,成为专业知识与管理实践的纽带和桥梁。

但是我们也知道,有很多深入企业一线、经验丰富、乐于分享的优秀专家,或者往来奔波没时间,或者缺少专业的写作指导和便捷的出版途径,只能茫然以待……

还有很多在竞争大潮中坚守的企业,有着异常宝贵的实践经验和独特的闪光点,但缺少专业的记录和整理者,无法让企业的经验和故事被更多的人了解、学习、参考……

这些都太遗憾了!

博瑞森非常希望能将这些埋藏的"宝藏"发掘出来,贡献给广大读者,让更多的人得到帮助。

所以,我们真心地邀请您,我们的老读者,帮助我们一起搜寻:

推荐作者。

可以是您自己或您的朋友,只要对本土管理有实践、有思考;可以是您通过网络、杂志、书籍或其他途径了解的某位专家,不管名气大小,只要他的思想和方法曾让您深受启发。

推荐企业。

可以是您自己所在的企业,或者是您熟悉的某家企业,其创业过程、运营经历、产品研发、机制创新,等等。不论企业大小,只要乐于分享、有值得借鉴书写之处。

总之,好内容就是一切!

博瑞森绝非"自费出书",出版项目费用完全由我们承担。您推荐的作者或企业案例一经采用,我们会立刻向您赠送书币 100 元,可直接换取任何博瑞森图书的纸质版或电子版。

感谢您对本土管理的支持!感谢您对博瑞森图书的帮助!

推荐邮箱:bookgood@126.com   推荐手机:13611149991

与主编加为好友:

博瑞森管理图书网:http://www.bracebook.com.cn/index.html

1120 本土管理实践与创新论坛

这是由 100 多位本土管理专家联合创立的企业管理实践学术交流组织,旨在孵化本土管理思想、促进企业管理实践、加强专家间交流与协作。

论坛每年集中力量办好两件大事:第一,"**出一本书**",汇聚一年的思考和实践,把最原创、最前沿、最实战的内容集结成册,贡献读者;第二,"**办一次会**",每年 11 月 20 日本土管理专家们汇聚一堂,碰撞思想、研讨案例、交流切磋、回馈社会。

论坛理事名单(以年龄为序,以示传承之意)
常务理事:

彭志雄	曾 伟	施 炜	杨 涛	张学军	郭 晓
程绍珊	胡八一	王祥伍	李志华	陈立云	杨永华

理　事:

卢根鑫	曾令同	宋杼宸	张国祥	刘承元	曹子祥	宋新宇	吴越舟
吴 坚	戴欣明	刘春雄	刘祖轲	段继东	何 慕	秦国伟	贺兵一
张小虎	郭 剑	余晓雷	黄中强	朱玉童	沈 坤	阎立忠	张 进
丁兴良	朱仁健	薛宝峰	史贤龙	卢 强	史幼波	叶敦明	王明胤
陈 明	岑立聪	方 刚	张东利	郭富才	叶 宁	何 屹	沈 奎
王 超	马宝琳	谭长春	夏惊鸣	张 博	李洪道	胡浪球	孙 波
唐江华	刘红明	杨鸿贵	伯建新	高可为	李 蓓	孔祥云	贾同领
罗宏文	史立臣	李政权	余 盛	陈小龙	尚 锋	邢 雷	余伟辉
李小勇	全怀周	沈 拓	徐伟泽	崔自三	王玉荣	蒋 军	侯军伟
黄润霖	金国华	吴 之	葛新红	周 剑	崔海鹏	柏 礬	唐道明
朱志明	曲宗恺	杜 忠	远 鸣	范月明	刘文新	赵晓萌	张 伟
熊亚柱	孙彩军	刘 雷	王庆云	俞士耀	丁 昀	黄 磊	罗晓慧
伏泓霖	梁小平	鄢圣安					

企业案例·老板传记

书名·作者	内容/特色	读者价值
娃哈哈区域标杆：豫北市场营销实录 罗宏文 赵晓萌 等著	本书从区域的角度来写娃哈哈河南分公司豫北市场是怎么进行区域市场营销，成为娃哈哈全国第一大市场、全国增量第一高市场的一些操作方法	参考性、指导性，一线真实资料
像六个核桃一样：打造畅销品的36个简明法则 王超 范萍 著	本书分上下两篇：包括"六个核桃"的营销战略历程和36条畅销法则	知名企业的战略历程极具参考价值，36条法则提供操作方法
六个核桃凭什么：从0过100亿 张学军 著	首部全面揭秘养元六个核桃裂变式成长的巨著	学习优秀企业的成长路径，了解其背后的理论体系
借力咨询：德邦成长背后的秘密 官同良 王祥伍 著	讲述德邦是如何借助咨询公司的力量进行自身与发展的	来自德邦内部的第一线资料，真实、珍贵，令人受益匪浅
解决方案营销实战案例 刘祖轲 著	用10个真案例讲明白什么是工业品的解决方案式营销，实战、实用	有干货，真正操作过的才能写得出来
招招见销量的营销常识 刘文新 著	如何让每一个营销动作都直指销量	适合中小企业，看了就能用
我们的营销真案例 联纵智达研究院 著	五芳斋粽子从区域到全国/诺贝尔瓷砖门店销量提升/利豪家具出口转内销/汤臣倍健的营销模式	选择的案例都很有代表性，实在、实操！
中国营销战实录：令人拍案叫绝的营销真案例 联纵智达 著	51个案例，42家企业，38万字，18年，累计2000余人次参与……	最真实的营销案例，全是一线记录，开阔眼界
双剑破局：沈坤营销策划案例集 沈坤 著	双剑公司多年来的精选案例解析集，阐述了项目策划中每一个营销策略的诞生过程，策划角度和方法	一线真实案例，与众不同的策划角度令人拍案叫绝、受益匪浅
宗：一位制造业企业家的思考 杨涛 著	1993年创业，引领企业平稳发展20多年，分享独到的心得体会	难得的一本老板分享经验的书
简单思考：AMT咨询创始人自述 孔祥云 著	著名咨询公司（AMT）的CEO创业历程中点点滴滴的经验与思考	每一位咨询人，每一位创业者和管理经营者，都值得一读
边干边学做老板 黄中强 著	创业20多年的老板，有经验、能写、又愿意分享，这样的书很少	处处共鸣，帮助中小企业老板少走弯路
三四线城市超市如何快速成长：解密甘雨亭 IBMG国际商业管理集团 著	国内外标杆企业的经验+本土实践量化数据+操作步骤、方法	通俗易懂，行业经验丰富，宝贵的行业量化数据，关键思路和步骤
中国首家未来超市：解密安徽乐城 IBMG国际商业管理集团 著	本书深入挖掘了安徽乐城超市的试验案例，为零售企业未来的发展提供了一条可借鉴之路	通俗易懂，行业经验丰富，宝贵的行业量化数据，关键思路和步骤

互联网+

书名·作者	内容/特色	读者价值
触发需求：互联网新营销样本·水产 何足奇 著	传统产业都在苦闷中挣扎前行，本书通过鲜活的案例告诉你如何把需求链整合供应链，从而把大家熟知的传统行业打碎了重构、重做一遍	全是干货，值得细读学习，并且作者的理论已经经过了他亲自操刀的实践检验，效果惊人，就在书中全景展示
移动互联新玩法：未来商业的格局和趋势 史贤龙 著	传统商业、电商、移动互联，三个世界并存，这种新格局的玩法一定要懂	看清热点的本质，把握行业先机，一本书搞定移动互联网
微商生意经：真实再现33个成功案例操作全程 伏泓霖 罗晓慧 著	本书为33个真实案例，分享案例主人公在做微商过程中的经验教训	案例真实，有借鉴意义
阿里巴巴实战运营——14招玩转诚信通 聂志新 著	本书主要介绍阿里巴巴诚信通的十四个基本推广操作，从而帮助使用诚信通的用户及企业更好地提升业绩	基本操作，很多可以边学边用，简单易学

续表

分类	书名·作者	内容/特色	读者价值
互联网+	今后这样做品牌：移动互联时代的品牌营销策略 蒋军 著	与移动互联紧密结合，告诉你老方法还能不能用，新方法怎么用	今后这样做品牌就对了
	互联网+"变"与"不变"：本土管理实践与创新论坛集萃．2016 本土管理实践与创新论坛 著	本土管理领域正在产生自己独特的理论和模式，尤其在移动互联时代，有很多新课题需要本土专家们一起研究	帮助读者拓宽眼界、突破思维
	创造增量市场：传统企业互联网转型之道 刘红明 著	传统企业需要用互联网思维去创造增量，而不是用电子商务去转移传统业务的存量	教你怎么在"互联网+"的海洋中创造实实在在的增量
	重生战略：移动互联网和大数据时代的转型法则 沈拓 著	在移动互联网和大数据时代，传统企业转型如同生命体打算与再造，称之为"重生战略"	帮助企业认清移动互联网环境下的变化和应对之道
	画出公司的互联网进化路线图：用互联网思维重塑产品、客户和价值 李蕾 著	18个问题帮助企业一步步梳理出互联网转型思路	思路清晰、案例丰富，非常有启发性
	7个转变，让公司3年胜出 李蕾 著	消费者主权时代，企业该怎么办	这就是互联网思维，老板有能这样想，肯定倒不了
	跳出同质思维，从跟随到领先 郭剑 著	66个精彩案例剖析，帮助老板突破行业长期思维惯性	做企业竟然有这么多玩法，开眼界

行业类：零售、白酒、食品/快消品、农业、医药、建材家居等

分类	书名·作者	内容/特色	读者价值
零售·超市·餐饮·服装·汽车	1. 总部有多强大，门店就能走多远 2. 超市卖场定价策略与品类管理 3. 连锁零售企业招聘与培训解之道 4. 中国首家未来超市：解密安徽乐城 5. 三四线城市超市如何快速成长：解密甘雨亭 IBMG国际商业管理集团 著	国内外标杆企业的经验+本土实践量化数据+操作步骤、方法	通俗易懂，行业经验丰富，宝贵的行业量化数据，关键思路和步骤
	涨价也能卖到翻 村松达夫【日】	提升客单价的15种实用、有效的方法	日本企业在这方面非常值得学习和借鉴
	零售：把客流变成购买力 丁昀 著	如何通过不断升级产品和体验式服务来经营客流	如何进行体验营销，国外的好经营，这方面有启发
	餐饮企业经营策略第一书 吴坚 著	分别从产品、顾客、市场、盈利模式等几个方面，对现阶段餐饮企业的发展提出策略和思路	第一本专业的、高端的餐饮企业经营指导书
	赚不赚钱靠店长：从懂管理到会经营 孙彩军 著	通过生动的案例来进行剖析，注重门店管理细节方面的能力提升	帮助终端门店店长在管理门店的过程中实现经营思路的拓展与突破
	汽车配件这样卖：汽车后市场销售秘诀100条 俞士耀 著	汽配销售业务员必读，手把手教授最实用的方法，轻松得来好业绩	快速上岗，专业实效，业绩无忧
耐消品	跟行业老手学经销商开发与管理：家电、耐消品、建材家居 黄润霖 著	全部来源于经销商管理的一线问题，作者用丰富的经验将每一个问题落实到最便捷快速的操作方法上去	书中每一个问题都是普通营销人亲口提出的，这些问题你也会遇到，作者进行的解答则精彩实用
白酒	变局下的白酒企业重构 杨永华 著	帮助白酒企业从产业视角看清趋势，找准位置，实现弯道超车的书	行业内企业要减少90%，自己在什么位置，怎么做，都清楚了
	1. 白酒营销的第一本书（升级版） 2. 白酒经销商的第一本书 唐江华 著	华泽集团湖南开口笑公司品牌部长，擅长酒类新品推广、新市场拓展	扎根一线，实战

续表

类别	书名/作者	简介	特点
白酒	区域型白酒企业营销必胜法则 朱志明 著	为区域型白酒企业提供35条必胜法则，在竞争中赢销的葵花宝典	丰富的一线经验和深厚积累，实操实用
	10步成功运作白酒区域市场 朱志明 著	白酒区域操盘者必备，掌握区域市场运作的战略、战术、兵法	在区域市场的攻伐防守中运筹帷幄，立于不败之地
	酒业转型大时代：微酒精选2014-2015 微酒 主编	本书分为五个部分：当年大事件、那些酒业营销工具、微酒独立策划、业内大调查和十大经典案例	了解行业新动态、新观点，学习营销方法
快消品·食品	乳业营销第一书 侯军伟 著	对区域乳业企业生存发展关键性问题的梳理	唯一的区域乳业营销书，区域乳品企业一定要看
	食用油营销第一书 余 盛 著	10多年油脂企业工作经验，从行业到具体实操	食用油行业第一书，当之无愧
	中国茶叶营销第一书 柏 龑 著	如何跳出茶行业"大文化小产业"的困境，作者给出了自己的观察和思考	不是传统做茶的思路，而是现在商业做茶的思路
	调味品营销第一书 陈小龙 著	国内唯一一本调味品营销的书	唯一的调味品营销的书，调味品的从业者一定要看
	快消品营销人的第一本书：从入门到精通 刘 雷 伯建新 著	快消行业必读书，从入门到专业	深入细致，易学易懂
	变局下的快消品营销实战策略 杨永华 著	通胀了，成本增加，如何从被动应战变成主动的"系统战"	作者对快消品行业非常熟悉、非常实战
	快消品经销商如何快速做大 杨永华 著	本书完全从实战的角度，评述现象，解析误区，揭示原理，传授方法	为转型期的经销商提供了解决思路，指出了发展方向
	一位销售经理的工作心得 蒋 军 著	一线营销管理人员想提升业绩却无从下手时，可以看看这本书	一线的真实感悟
	快消品营销：一位销售经理的工作心得2 蒋 军 著	快消品、食品饮料营销的经验之谈，重点图书	来源与实战的精华总结
	快消品营销与渠道管理 谭长春 著	将快消品标杆企业渠道管理的经验和方法分享出来	可口可乐、华润的一些具体的渠道管理经验，实战
	成为优秀的快消品区域经理 伯建新 著	37个"怎么办"分析区域经理的工作关键点	可以作为区域经理的'速成催化器'
	销售轨迹：一位快消品营销总监的拼搏之路 秦国伟 著	本书讲述了一个普通销售员打拼成为跨国企业营销总监的真实奋斗历程	激励人心，给广大销售员以力量和鼓舞
	快消老手都在这样做：区域经理操盘锦囊 方刚 著	非常接地气，全是多年沉淀下来的干货，丰富的一线经验和实操方法不可多得	在市场摸爬滚打的"老油条"，那些独家绝招妙招一般你问都是问不来的
	动销四维：全程辅导与新品上市 高继中 著	从产品、渠道、促销和新品上市详细讲解提高动销的具体方法，总结作者18年的快消品行业经验，方法实操	内容全面系统，方法实操
农业	中小农业企业品牌战法 韩 旭 著	将中小农业企业品牌建设的方法，从理论讲到实践，具有指导性	全面把握品牌规划，传播推广，落地执行的具体措施
	农资营销实战全指导 张 博 著	农资如何向"深度营销"转型，从理论到实践进行系统剖析，经验资深	朴实、使用！不可多得的农资营销实战指导
	农产品营销第一书 胡浪球 著	从农业企业战略到市场开拓、营销、品牌、模式等	来源于实践中的思考，有启发
	变局下的农牧企业9大成长策略 彭志雄 著	食品安全、纵向延伸、横向联合、品牌建设……	唯一的农牧企业经营实操的书，农牧企业一定要看

续表

医药	新医改下的医药营销与团队管理 史立臣 著	探讨新医改对医药行业的系列影响和医药团队管理	帮助理清思路,有一个框架
	医药营销与处方药学术推广 马宝琳 著	如何用医学策划把"平民产品"变成"明星产品"	有真货、讲真话的作者,堪称处方药营销的经典!
	新医改了,药店就要这样开 尚 锋 著	药店经营、管理、营销全攻略	有很强的实战性和可操作性
	电商来了,实体药店如何突围 尚 锋 著	电商崛起,药店该如何突围?本书从促销、会员服务、专业性、客单价等多重角度给出了指导方向	实战攻略,拿来就能用
	在中国,医药营销这样做:时代方略精选文集 段继东 主编	专注于医药营销咨询15年,将医药营销方法的精华文章合编,深入全面	可谓医药营销领域的顶尖著作,医药界读者的必读书
	OTC医药代表药店销售36计 鄢圣安 著	以《三十六计》为线,写OTC医药代表向药店销售的一些技巧与策略	案例丰富,生动真实,实操性强
	OTC医药代表药店开发与维护 鄢圣安 著	要做到一名专业的医药代表,需要做什么、准备什么、知识储备、操作技巧等	医药代表药店拜访的指导手册,手把手教你快速上手
	引爆药店成交率1:店员导购实战 范月明 著	一本书解决药店导购所有难题	情景化、真实化、实战化
	引爆药店成交率2:经营落地实战 范月明 著	最接地气的经营方法全指导	揭示了药店经营的几类关键问题
	医药企业转型升级战略 史立臣 著	药企转型升级的5大途径,并给出落地步骤及风险控制方法	实操性强,有作者个人经验总结及分析
建材家居	建材家居营销实务 程绍珊 杨鸿贵 主编	价值营销运用到建材家居,每一步都让客户增值	有自己的系统、实战
	建材家居门店销量提升 贾同领 著	店面选址、广告投放、推广助销、空间布局、生动展示、店面运营等	门店销量提升是一个系统工程,非常系统、实战
	10步成为最棒的建材家居门店店长 徐伟泽 著	实际方法易学易用,让员工能够迅速成长,成为独当一面的好店长	只要坚持这样干,一定能成为好店长
	手把手帮建材家居导购业绩倍增:成为顶尖的门店店员 熊亚柱 著	生动的表现形式,让普通人也能成为优秀的导购员,让门店业绩长红	读着有趣,用着简单,一本在手,业绩无忧
	建材家居经销商实战42章经 王庆云 著	告诉经销商:老板怎么当、团队怎么带、生意怎么做	忠言逆耳,看着不舒服就对了,实战总结,用一招半式就值了
工业品	销售是门专业活:B2B、工业品 陆和平 著	销售流程就应该跟着客户的采购流程和关注点的变化向前推进,将一个完整的销售过程分成十个阶段,提供具体方法	销售不是请客吃饭拉关系,是个专业的活计!方法在手,走遍天下不愁
	解决方案营销实战案例 刘祖轲 著	用10个真案例讲明白什么是工业品的解决方案式营销,实战、实用	有干货,真正操作过的才能写得出来
	变局下的工业品企业7大机遇 叶敦明 著	产业链条的整合机会、盈利模式的复制机会、营销红利的机会、工业服务商转型机会……	工业品企业还可以这样做,思维大突破
	工业品市场部实战全指导 杜 忠 著	工业品市场部经理工作内容全指导	系统、全面、有理论、有方法,帮助工业品市场部经理更快提升专业能力
	工业品营销管理实务 李洪道 著	中国特色工业品营销体系的全面深化、工业品营销管理体系优化升级	工具更实战,案例更鲜活,内容更深化
	工业品企业如何做品牌 张东利 著	为工业品企业提供最全面的品牌建设思路	有策略、有方法、有思路、有工具
	丁兴良讲工业4.0 丁兴良 著	没有枯燥的理论和说教,用朴实直白的语言告诉你工业4.0的全貌	工业4.0是什么?本书告诉答案

续表

分类	书名．作者	内容/特色	读者价值
工业品	资深大客户经理：策略准，执行狠 叶敦明 著	从业务开发、发起攻势、关系培育、职业成长四个方面，详述了大客户营销的精髓	满满的全是干货
工业品	一切为了订单：订单驱动下的工业品营销实战 唐道明 著	其实，所有的企业都在围绕着两个字在开展全部的经营和管理工作，那就是"订单"	开发订单、满足订单、扩大订单。本书全是实操方法，字字珠玑、句句干货，教你获得营销的胜利
金融	交易心理分析 (美)马克·道格拉斯 著 刘真如 译	作者一语道破赢家的思考方式，并提供了具体的训练方法	不愧是投资心理的第一书，绝对经典
金融	精品银行管理之道 崔海鹏 何屹 主编	中小银行转型的实战经验总结	中小银行的教材很多，实战类的书很少，可以看看
金融	支付战争 Eric M. Jackson 著 徐彬 王晓译	PayPal 创业期营销官，亲身讲述 PayPal 从诞生到壮大到成功出售的整个历史	激烈、有趣的内幕商战故事！了解美国支付市场的风云巨变
房地产	产业园区/产业地产规划、招商、运营实战 阎立忠 著	目前中国第一本系统解读产业园区和产业地产建设运营的实战宝典	从认知、策划、招商到运营全面了解地产策划
房地产	人文商业地产策划 戴欣明 著	城市与商业地产战略定位的关键是不可复制性，要发现独一无二的"味道"	突破千城一面的策划困局
房地产	电影院的下一个黄金十年：开发·差异化·案例 李保煜 著	对目前电影院市场存大的问题及如何解决进行了探讨与解读	多角度了解电影院运营方式及代表性案例

经营类：企业如何赚钱，如何抓机会，如何突破，如何"开源"

分类	书名．作者	内容/特色	读者价值
抓方向	让经营回归简单．升级版 宋新宇 著	化繁为简抓住经营本质：战略、客户、产品、员工、成长	经典，做企业就这几个关键点！
抓方向	公司由小到大要过哪些坎 卢强 著	老板手里的一张"企业成长路线图"	现在我在哪儿，未来还要走哪些路，都清楚了
抓方向	企业二次创业成功路线图 夏惊鸣 著	企业曾经抓住机会成功了，但下一步该怎么办？	企业怎样获得第二次成功，心里有个大框架了
抓方向	老板经理人双赢之道 陈明 著	经理人怎样选平台、怎么开局，老板怎样选/育/用/留	老板生闷气，经理人牢骚大，这次知道该怎么办了
抓方向	简单思考：AMT 咨询创始人自述 孔祥云 著	著名咨询公司(AMT)的 CEO 创业历程中点点滴滴的经验与思考	每一位咨询人，每一位创业者和管理经营者，都值得一读
抓方向	企业文化的逻辑 王祥伍 黄健江 著	为什么企业绩效如此不同，解开绩效背后的文化密码	少有的深刻，有品质，读起来很流畅
抓方向	使命驱动企业成长 高可为 著	钱能让一个人今天努力，使命能让一群人长期努力	对于想做事业的人，'使命'是绕不过去的
思维突破	移动互联新玩法：未来商业的格局和趋势 史贤龙 著	传统商业、电商、移动互联，三个世界并存，这种新格局的玩法一定要懂	看清热点的本质，把握行业先机，一本书搞定移动互联网
思维突破	画出公司的互联网进化路线图：用互联网思维重塑产品、客户和价值 李蓓 著	18 个问题帮助企业一步步梳理出互联网转型思路	思路清晰、案例丰富，非常有启发性
思维突破	重生战略：移动互联网和大数据时代的转型法则 沈拓 著	在移动互联网和大数据时代，传统企业转型如同生命体打算与再造，称之为"重生战略"	帮助企业认清移动互联网环境下的变化和应对之道
思维突破	创造增量市场：传统企业互联网转型之道 刘红明 著	传统企业需要用互联网思维去创造增量，而不是用电子商务去转移传统业务的存量	教你怎么在"互联网＋"的海洋中创造实实在在的增量
思维突破	7 个转变，让公司 3 年胜出 李蓓 著	消费者主权时代，企业该怎么办	这就是互联网思维，老板有能这样想，肯定倒不了

续表

分类	书名·作者	内容/特色	读者价值
思维突破	跳出同质思维,从跟随到领先 郭 剑 著	66个精彩案例剖析,帮助老板突破行业长期思维惯性	做企业竟然有这么多玩法,开眼界
	麻烦就是需求 难题就是商机 卢根鑫 著	如何借助客户的眼睛发现商机	什么是真商机,怎么判断、怎么抓,有借鉴
	互联网+"变"与"不变":本土管理实践与创新论坛集萃·2016 本土管理实践与创新论坛 著	加速本土管理思想的孕育诞生,促进本土管理创新成果更好地服务企业、贡献社会	各个作者本年度最新思想,帮助读者拓宽眼界、突破思维
财务	写给企业家的公司与家庭财务规划——从创业成功到富足退休 周荣辉 著	本书以企业的发展周期为主线,写各阶段企业与企业主家庭的财务规划	为读者处理人生各阶段企业与家庭的财务问题提供建议及方法,让家庭成员真正享受财富带来的益处
	互联网时代的成本观 程 翔 著	本书结合互联网时代提出了成本的多维观,揭示了多维组合成本的互联网精神和大数据特征,论述了其产生背景、实现思路和应用价值	在传统成本观下为盈利的业务,在新环境下也许就成为亏损业务。帮助管理者从新的角度来看待成本,进一步做好精益管理

管理类:效率如何提升,如何实现经营目标,如何"节流"

分类	书名·作者	内容/特色	读者价值
通用管理	1. 让管理回归简单. 升级版 2. 让经营回归简单. 升级版 3. 让用人回归简单 宋新宇 著	宋博士的"简单"三部曲,影响20万读者,非常经典	被读者热情地称作"中小企业的管理圣经"
	分股合心:股权激励这样做 段 磊 周 剑 著	通过丰富的案例,详细介绍了股权激励的知识和实行方法	内容丰富全面、易读易懂,了解股权激励,有这一本就够了
	边干边学做老板 黄中强 著	创业20多年的老板,有经验、能写、又愿意分享,这样的书很少	处处共鸣,帮助中小企业老板少走弯路
	阿米巴经营的中国模式 李志华 著	让员工从"要我干"到"我要干",价值量化出来	阿米巴在企业如何落地,明白思路了
通用管理	中国式阿米巴落地实践之激活组织 胡八一 著	重点讲解如何科学划分阿米巴单元,阐述划分的实操要领、思路、方法、技术与工具	最大限度减少"推行风险"和"摸索成本",利于公司成功搭建适合自身的个性化阿米巴经营体系
	欧博心法:好管理靠修行 曾 伟 著	用佛家的智慧,深刻剖析管理问题,见解独到	如果真的有'中国式管理',曾老师是其中标志性人物
流程管理	1. 用流程解放管理者 2. 用流程解放管理者2 张国祥 著	中小企业阅读的流程管理、企业规范化的书	通俗易懂,理论和实践的结合恰到好处
	跟我们学建流程体系 陈立云 著	畅销书《跟我们学做流程管理》系列,更实操,更细致,更深入	更多地分享实践,分享感悟,从实践总结出来的方法论
质量管理	1. ISO9001:2015新版质量管理体系详解与案例文件汇编 2. ISO14001:2015新版环境管理体系详解与案例文件汇编 谭洪华 著	紧密围绕2015新版,逐条详细解读,工具可以直接套用,易学易上手	企业认证、内审必备
战略落地	重生——中国企业的战略转型 施 炜 著	从前瞻和适用的角度,对中国企业战略转型的方向、路径及策略性举措提出了一些概要性的建议和意见	对企业有战略指导意义
	公司大了怎么管:从靠英雄到靠组织 AMT 金国华 著	第一次详尽阐释中国快速成长型企业的特点、问题及解决之道	帮助快速成长型企业领导及管理团队理清思路,突破瓶颈
	低效会议怎么改:每年节省一半会议成本的秘密 AMT 王玉荣 著	教你如何系统规划公司的各级会议,一本工具书	教会你科学管理会议的办法

续表

分类	书名/作者	内容简介	推荐语
战略落地	年初订计划,年尾有结果:战略落地七步成诗 AMT 郭晓 著	7个步骤教会你怎么让公司制定的战略转变为行动	系统规划,有效指导计划实现
人力资源	回归本源看绩效 孙波 著	让绩效回顾"改进工具"的本源,真正为企业所用	确实是来源于实践的思考,有共鸣
	世界500强资深培训经理人教你做培训管理 陈锐 著	从7大角度具体细致地讲解了培训管理的核心内容	专业、实用、接地气
	曹子祥教你做激励性薪酬设计 曹子祥 著	以激励性为指导,系统性地介绍了薪酬体系及关键岗位的薪酬设计模式	深入浅出,一本书学会薪酬设计
	曹子祥教你做绩效管理 曹子祥 著	复杂的理论通俗化,专业的知识简单化,企业绩效管理共性问题的解决方案	轻松掌握绩效管理
	把招聘做到极致 远鸣 著	作为世界500强高级招聘经理,作者数十年招聘经验的总结分享	带来职场思考境界的提升和具体招聘方法的学习
	人才评价中心·超级漫画版 邢雷 著	专业的主题,漫画的形式,只此一本	没想到一本专业的书,能写成这效果
	走出薪酬管理误区 全怀周 著	剖析薪酬管理的8大误区,真正发挥好枢纽作用	值得企业深读的实用教案
	集团化人力资源管理实践 李小勇 著	对搭建集团化的企业很有帮助,务实,实用	最大的亮点不是理论,而是结合实际的深入剖析
	我的人力资源咨询笔记 张伟 著	管理咨询师的视角,思考企业的HR管理	通过咨询师的眼睛对比很多企业,有启发
	本土化人力资源管理8大思维 周剑 著	成熟HR理论,在本土中小企业实践中的探索和思考	对企业的现实困境有真切体会,有启发
	HRBP是这样炼成的之"菜鸟起飞" 新海 著	以小说的形式,具体解析HRBP的职责,应该如何操作,如何为业务服务	实践者的经验分享,内容实务具体,形式有趣
企业文化	华夏基石方法:企业文化落地本土实践 王祥伍 谭俊峰 著	十年积累、原创方法、一线资料,和盘托出	在文化落地方面真正有洞察,有实操价值的书
	企业文化的逻辑 王祥伍 著	为什么企业之间如此不同,解开绩效背后的文化密码	少有的深刻,有品质,读起来很流畅
	企业文化激活沟通 宋籽宸 安琪 著	透过新任HR总经理的眼睛,揭示出沟通与企业文化的关系	有实际指导作用的文化落地读本
	在组织中绽放自我:从专业化到职业化 朱仁健 王祥伍 著	个人如何融入组织,组织如何助力个人成长	帮助企业员工快速认同并投入到组织中去,为企业发展贡献力量
	企业文化定位·落地一本通 王明胤 著	把高深枯燥的专业理论创建成一套系统化、实操化、简单化的企业文化缔造方法	对企业文化不了解,不会做?有这一本从概念到实操,就够了
生产管理	高员工流失率下的精益生产 余伟辉 著	中国的精益生产必须面对和解决高员工流失率问题	确实来源于本土的工厂车间,很务实
	车间人员管理那些事儿 岑立聪 著	车间人员管理中处理各种"疑难杂症"的经验和方法	基层车间管理者最闹心、头疼的事,"打包"解决
	1. 欧博心法:好管理靠修行 2. 欧博心法:好工厂这样管 曾伟 著	他是本土最大的制造业管理咨询机构创始人,他从400多个项目、上万家企业实践中锤炼出的欧博心法	中小制造型企业,一定会有很强的共鸣

续表

分类	书名·作者	内容/特色	读者价值
生产管理	欧博工厂案例1：生产计划管控对话录 欧博工厂案例2：品质技术改善对话录 欧博工厂案例3：员工执行力提升对话录 曾伟 著	最典型的问题、最详尽的解析，工厂管理9大问题27个经典案例	没想到说得这么细，超出想象，案例很典型，照搬都可以了
	苦中得乐：管理者的第一堂必修课 曾伟 编著	曾伟与师傅大愿法师的对话，佛学与管理实践的碰撞，管理禅的修行之道	用佛学最高智慧看透管理
	比日本工厂更高效1：管理提升无极限 刘承元 著	指出制造型企业管理的六大积弊；颠覆流行的错误认知；掌握精益管理的精髓	每一个企业都有自己不同的问题，管理没有一剑封喉的秘笈，要从现场、现物、现实出发
	比日本工厂更高效2：超强经营力 刘承元 著	企业要获得持续盈利，就要开源和节流，即实现销售最大化，费用最小化	掌握提升工厂效率的全新方法
	比日本工厂更高效3：精益改善力的成功实践 刘承元 著	工厂全面改善系统有其独特的目的取向特征，着眼于企业经营体质（持续竞争力）的建设与提升	用持续改善力为飞速提升工厂的效率，高效率能够带来意想不到的高效益
	3A顾问精益实践1：IE与效率提升 党新民 苏迎斌 蓝旭日 著	系统的阐述了IE技术的来龙去脉以及操作方法	使员工与企业持续获利
	3A顾问精益实践2：JIT与精益改善 肖志军 党新民 著	只在需要的时候，按需要的量，生产所需的产品	提升工厂效率
员工素质提升	跟老板"偷师"学创业 吴江萍 余晓雷 著	边学边干，边观察边成长，你也可以当老板	不同于其他类型的创业书，让你在工作中积累创业经验，一举成功
	销售轨迹：一位快消品营销总监的拼搏之路 秦国伟 著	本书讲述了一个普通销售员打拼成为跨国企业营销总监的真实奋斗历程	激励人心，给广大销售员以力量和鼓舞
	在组织中绽放自我：从专业化到职业化 朱仁健 王祥伍 著	个人如何融入组织，组织如何助力个人成长	帮助企业员工快速认同并投入到组织中去，为企业发展贡献力量
	企业员工弟子规：用心做小事，成就大事业 贾同领 著	从传统文化《弟子规》中学习企业中为人处事的办法，从自身做起	点滴小事，修养自身，从自身的改善得到事业的提升
	手把手教你做顶尖企业内训师：TTT培训师宝典 熊亚柱 著	从课程研发到现场把控、个人提升都有涉及，易读易懂，内容丰富全面	想要做企业内训师的员工有福了，本书教你如何抓住关键，从入门到精通

营销类：把客户需求融入企业各环节，提供"客户认为"有价值的东西

分类	书名·作者	内容/特色	读者价值
营销模式	动销操盘：节奏掌控与社群时代新战法 朱志明 著	在社群时代把握好产品生产销售的节奏，解析动销的症结，寻找动销的规律与方法	都是易读易懂的干货！对动销方法的全面解析和操盘
	变局下的营销模式升级 程绍珊 叶宁 著	客户驱动模式、技术驱动模式、资源驱动模式	很多行业的营销模式被颠覆，调整的思路有了！
	卖轮子 科克斯【美】	小说版的营销学！营销理念巧妙贯穿其中，贵在既有趣，又有深度	经典、有趣！一个故事读懂营销精髓
	弱势品牌如何做营销 李政权 著	中小企业虽有品牌但没名气，营销照样能做的有声有色	没有丰富的实操经验，写不出这么具体、详实的案例和步骤，很有启发

续表

分类	书名/作者	简介	推荐语
营销模式	老板如何管营销 史贤龙 著	高段位营销16招,好学好用	老板能看,营销人也能看
	动销:产品是如何畅销起来的 吴江萍 余晓雷 著	真真切切告诉你,产品究竟怎么才能卖出去	击中痛点,提供方法,你值得拥有
销售	资深大客户经理:策略准,执行狠 叶敦明 著	从业务开发、发起攻势、关系培育、职业成长四个方面,详述了大客户营销的精髓	满满的全是干货
	销售是门专业活:B2B、工业品 陆和平 著	销售流程就应该跟着客户的采购流程和关注点的变化向前推进,将一个完整的销售过程分成十个阶段,提供具体方法	销售不是请客吃饭拉关系,是个专业的活计! 方法在手,走遍天下不愁
	向高层销售:与决策者有效打交道 贺兵一 著	一套完整有效的销售策略	有工具,有方法,有案例,通俗易懂
	卖轮子 科克斯 【美】	小说版的营销学! 营销理念巧妙贯穿其中,贵在既有趣,又有深度	经典、有趣! 一个故事读懂营销精髓
	学话术 卖产品 张小虎 著	分析常见的顾客异议,将优秀的话术模块化	让普通导购员也能成为销售精英
组织和团队	升级你的营销组织 程绍珊 吴越舟 著	用"有机性"的营销组织替代"营销能人",营销团队变成"铁营盘"	营销队伍最难管,程老师不愧是营销第1操盘手,步骤方法都很成熟
	用数字解放营销人 黄润霖 著	通过量化帮助营销人员提高工作效率	作者很用心,很好的常备工具书
	成为优秀的快消品区域经理 伯建新 著	37个"怎么办"分析区域经理的工作关键点	可以作为区域经理的'速成催化器'
	一位销售经理的工作心得 蒋军 著	一线营销管理人员想提升业绩却无从下手时,可以看看这本书	一线的真实感悟
	快消品营销:一位销售经理的工作心得2 蒋军 著	快消品、食品饮料营销的经验之谈,重点突出	来源于实战的精华总结
	销售轨迹:一位快消品营销总监的拼搏之路 秦国伟 著	本书讲述了一个普通销售员打拼成为跨国企业营销总监的真实奋斗历程	激励人心,给广大销售员以力量和鼓舞
组织和团队	用营销计划锁定胜局:用数字解放营销人2 黄润霖 著	全方位教你怎么做好营销计划,好学好用真简单	照搬套用就行,做营销计划再也不头痛
	快消品营销人的第一本书:从入门到精通 刘雷 伯建新 著	快消行业必读书,从入门到专业	深入细致,易学易懂
产品	产品炼金术Ⅰ:如何打造畅销产品 史贤龙 著	满足不同阶段、不同体量、不同行业企业对产品的完整需求	必须具备的思维和方法,避免在产品问题上走弯路
	产品炼金术Ⅱ:如何用产品驱动企业成长 史贤龙 著	做好产品、关注产品的品质,就是企业成功的第一步	必须具备的思维和方法,避免在产品问题上走弯路
	新产品开发管理,就用IPD 郭富才 著	10年IPD研发管理咨询总结,国内首部IPD专业著作	一本书掌握IPD管理精髓
品牌	中小企业如何建品牌 梁小平 著	中小企业建品牌的入门读本,通俗、易懂	对建品牌有了一个整体框架
	采纳方法:破解本土营销8大难题 朱玉童 编著	全面、系统、案例丰富、图文并茂	希望在品牌营销方面有所突破的人,应该看看
	中国品牌营销十三战法 朱玉童 编著	采纳20年来的品牌策划方法,同时配有大量的案例	众包方式写作,丰富案例给人启发,极具价值
	今后这样做品牌:移动互联时代的品牌营销策略 蒋军 著	与移动互联紧密结合,告诉你老方法还能不能用,新方法怎么用	今后这样做品牌就对了

续表

	书名・作者	内容/特色	读者价值
品牌	中小企业如何打造区域强势品牌 吴之 著	帮助区域的中小企业打造自身品牌,如何在强壮自身的基础上往外拓展	梳理误区,系统思考品牌问题,切实符合中小区域品牌的自身特点进行阐述
渠道通路	快消品营销与渠道管理 谭长春 著	将快消品标杆企业渠道管理的经验和方法分享出来	可口可乐、华润的一些具体的渠道管理经验,实战
	传统行业如何用网络拿订单 张进 著	给老板看的第一本网络营销书	适合不懂网络技术的经营决策者看
	采纳方法:化解渠道冲突 朱玉童 编著	系统剖析渠道冲突,21个渠道冲突案例、情景式讲解、37篇讲义	系统、全面
	学话术 卖产品 张小虎 著	分析常见的顾客异议,将优秀的话术模块化	让普通导购员也能成为销售精英
	向高层销售:与决策者有效打交道 贺兵一 著	一套完整有效的销售策略	有工具,有方法,有案例,通俗易懂
	通路精耕操作全解:快消品20年实战精华 周俊 陈小龙 著	通路精耕的详细全解,每一步的具体操作方法和表单全部无保留提供	康师傅二十年的经验和精华,实践证明的最有效方法,教你如何主宰通路

思想・文化

	书名・作者	内容/特色	读者价值
思想・文化	每个中国人身上的春秋基因 史贤龙 著	春秋368年(公元前770-公元前403年),每一个中国人都可以在这段时期的历史中找到自己的祖先,看到真实发生的事件,同时也看到自己	长情商、识人心
	史幼波中庸讲记(上下册) 史幼波 著	全面、深入浅出地揭示儒家中庸文化的真谛	儒释道三家思想融汇贯通
	史幼波心经讲记(上下册) 史幼波 著	句句精讲,句句透彻,佛法经典的多角度阐释	通俗易懂,将深刻的教理以浅显的语言讲出来
	史幼波大学讲记 史幼波 著	用儒释道的观点阐释大学的深刻思想	一本书读懂传统文化经典
	史幼波《周子通书》《太极图说》讲记 史幼波 著	把形而上的宇宙、天地,与形而下的社会、人生、经济、文化等融合在一起	将儒家的一整套学修系统融合起来